普通高等教育“十三五”规划教材

应用文写作

主编 董海
副主编 任丽伟 侯爽

北京
冶金工业出版社
2022

内容提要

本书共分8章，主要介绍了公务文书、事务文书、会议文书、职业文书、经济文书、日常文书、科技文书等应用文的写作。

本书可作为普通高等院校以及职业技术学院各专业“应用文写作”课程的教材，也可供其他相关工作人员参考。

图书在版编目(CIP)数据

应用文写作/董海主编.—北京：冶金工业出版社，2017.8（2022.1重印）
普通高等教育“十三五”规划教材
ISBN 978-7-5024-7577-2

Ⅰ.①应… Ⅱ.①董… Ⅲ.①汉语—应用文—写作—高等学校—教材
Ⅳ.①H152.3

中国版本图书馆CIP数据核字(2017)第201475号

应用文写作

出版发行	冶金工业出版社	**电　　话**	(010)64027926
地　　址	北京市东城区嵩祝院北巷39号	**邮　　编**	100009
网　　址	www.mip1953.com	**电子信箱**	service@mip1953.com

责任编辑　戈　兰　郭冬艳　美术编辑　吕欣童　版式设计　孙跃红
责任校对　郑　娟　责任印制　李玉山
三河市双峰印刷装订有限公司印刷
2017年8月第1版，2022年1月第6次印刷
710mm×1000mm　1/16；10.75印张；210千字；161页
定价27.00元

投稿电话　(010)64027932　投稿信箱　tougao@cnmip.com.cn
营销中心电话　(010)64044283
冶金工业出版社天猫旗舰店　yjgycbs.tmall.com
（本书如有印装质量问题，本社营销中心负责退换）

前　言

应用文写作是现代人必须具备的技能之一。在知识经济时代，应用文已经社会化、大众化。作为公共基础课的应用文写作课程日益受到高等院校的重视，绝大多数高等院校都在各专业开设了这门课程。作为21世纪的大学生，如果没有一定的应用文写作能力，将很难在职场中游刃有余。

学习应用文写作最重要的是“学以致用、学而能用、边学边用”。本书主要体现了针对性强、实用性强、操作性强三大特点。

(1) 针对性强。本书在介绍应用文的基础知识后，针对实际常用的文体，分公务文书、工作文书、会议文书、职业文书、经济文书、日常文书、科技文书几大类进行知识讲解。在讲解过程中，力求做到内容准确、表述精练。希望通过分门别类的指导，学生能切实掌握各类应用文的写作要领。

(2) 实用性强。本书始终注意引导学生举一反三、触类旁通，在加强基本理论讲授的同时，书中提供各种形式的实例，引导学生形成良好的写作观念以及养成良好的写作习惯。

(3) 操作性强。在理论知识够用、管用的前提下，尽量简化理论知识的介绍，尽可能比较细化地介绍各个文种的写作规范，以期最大程度地为学生提供指导。

本书由董海担任主编，任丽伟、侯爽担任副主编，其中董海负责第六章和第八章的编写，任丽伟负责第一章、第三章和第七章的编写，侯爽负责第二章、第四章和第五章的编写。沈阳工业大学机械工程学院董一萱，沈阳大学国际学院王奕棋，沈阳大学应用技术学院焦宏雨、郭思蕊，沈阳大学机械工程学院王梓硕、杨光等同学为本书收集和整理了大量的文献资料，在此对他们以及这些文献资料的作者表示诚挚的感谢。

鉴于本书涉及的知识面较为广泛，加之编者水平有限，不妥之处，恳请广大读者批评指正。

编　者

2017年6月

目　录

第一章　绪　　论

第一节　应用文概述

一、应用文的概念

应用文，又称应用文书，是党政机关、社会团体、企业单位和个人在日常生产、工作、学习和生活中，为办理公私事务而形成并使用的、具有实用价值和一定惯用文章体式的文字信息载体。它是人们在日常工作和生活中为办理公务、个人事务或沟通关系等以实用为目的所写的文书。相对于其他文体而言，应用文具有实用价值和规范体式等特点。

应用文的使用范围十分广泛：依法治国，要有各种法规文件；机关、单位开展工作，要有报告、请示、通知、通报等多种公文；日常工作正常运转，要有计划、总结等事务文书；做经济工作要有市场调查报告、市场预测报告、合同、招标书、投标书；各行各业都有各自不同的业务文书，就是在日常生活中也常常会用到感谢信、求职信、祝贺词、请柬、条据，甚至起诉状、上诉状等，这诸多的文体都属于应用文的范畴。可见，大到整个国家，小到某个单位，甚至个人，要进行正常的活动，都离不开应用文，当然也就离不开应用文写作。

写好应用文，不管是对个人还是对单位及社团塑造新形象、处理好各种关系，都有着重要作用。作为一个有素养的现代公民，具备应用文写作的能力是立身行事的基本要求。对于当代大学生而言，应用文写作能力是必备的技能和素质之一。

美国未来学家阿尔文·托夫勒指出，信息时代家庭工作的任务是编制电脑程序、写作、远距离监测生产过程。作为三项家庭工作之一的写作，自然不是文学创作，而是文章写作，特别是应用文写作。因为与社会发展密切、直接相关的，是文章而不是文学。社会愈是进步，应用文在社会发展中的地位愈是重要。我国著名教育家叶圣陶先生说：“大学毕业生不一定会写小说诗歌，但是一定要会写工作和生活中的实用文章，而且非写得既通顺又扎实不可。”这里说的“工作和生活中实用的文章”，就是应用文书。

二、应用文的产生与发展

文章的产生源于实用的需要。人类的群体活动需要交流、组织、协调、指挥，应用文就应运而生了。应用文从产生至今，经历了漫长的历史时期。3500年前出现的殷墟甲骨文字，已经是完整的初级阶段的应用文了。《尚书》是我国最早的应用文写作专集，主要记载了虞、夏、商、周的政治公文和法令，类似于我们今天行政公文当中的指示、命令、公告和通告。应用文在我国虽然出现得比较早，但把这类体式冠之以“应用文”名称却较晚。宋代张侃在《拙轩集·跋陈后出再任校官谢启》中首次提到“应用文”一词。清末刘熙载在《艺概·文概》中指出：“辞命体，推之即可为一切应用之文。应用文有上行、有平行、有下行。重其辞乃所以重其实也。”从此，应用文的名称一直沿用至今。

当然应用文在运用过程中，是随着社会的变迁而变迁，随着社会的发展而发展的。我国的三国两晋南北朝，对包括应用文在内的各类文体已经有了研究。曹丕的《典论·论文》、刘勰的《文心雕龙》等都是颇有见地的写作专论。唐、宋的经济进步，推动了应用文的发展。韩愈、柳宗元、刘禹锡、欧阳修、曾巩、王安石、苏轼等古文大师都有应用文名篇传世。鸦片战争后，中国沦为半封建半殖民地国家，一方面以封建反动势力鱼肉百姓、卖国求荣为主要内容的各种刑法、条约、和约等应用文书大量出笼，另一方面主张社会变革、开通民智的应用型文章也大批涌现。以康有为、梁启超为代表的改良派，为“开通民智”，写了许多推进变法的应用文；以孙中山为代表的资产阶级民主革命派，撰写了许多传播、宣传革命思想的宣言、演说、章程等应用文。应用文的崛起是在新中国成立以后，因为社会的发展迫切需要有与之相适应的应用文种，这一时期应用文从内容到形式都发生了质的变化。现在，应用文已经形成了一个门类齐全的大家族。

三、应用文的特点

（一）实用性

应用文具有“直接应用价值”，实用性是其最基本的特点，应用文的其他特点都是由这个特点派生出来的。所谓实用性，就是指具有实际用途，是人们为了解决现实中出现的问题而进行的写作。几乎每一篇应用文的写作，都是为了解决工作、学习和生活中的实际问题。实用性亦是应用文区别于其他文体的本质属性。文学作品给人以艺术享受，用以陶冶性情；应用文则注重于在工作、学习和生活的过程中发挥它的实际效用。

（二）被动性

由于应用文是人们为解决现实中出现的问题而写作的，所以它一般是“被动写作”。换言之，应用文通常是“被迫写”的，是为了解决现实生活中出现的各种实际问题，而“不得不写”的相关文章。例如，学生因有事不能到课，不得不写“请假条”；单位召开会议，应该事先发“通知”告知有关与会人员；行政机关执法，必须事先出台各种相关“法规”等。应用文的被动性写作特点，亦是它与其他文体的重要区别。例如文学类文章，作者一般是主动写作，想写就写，不写亦无伤大雅。

（三）针对性

应用文写作主要是为了“办理公务或私事”，因而具有很强的针对性。各种应用文一般都有特定的目的、内容、范围和明确的接收对象，有关要求具体、清楚、一目了然；一般都只针对所要解决的具体问题和处理的具体事务而写，而且往往还要求特定对象必须阅读和做出反应。这些都和其他文体不同。应用文的针对性，亦是由应用文的实用性和被动性所决定的。

（四）真实性

真实性是指应用文的内容和材料等必须真实确凿。应用文的真实性是由它的实用性决定的，唯有真实，才能实用。如果写一个不真实的报告或总结，最终只会误人误己；如果向用人单位呈交一份不真实的求职信被发现造假，不仅求职之事落空，求职者的诚信亦大打折扣。因此，为了实用，就得真实；为求真实，应用文写作就需严谨认真，来不得半点儿戏、马虎。

（五）时效性

应用文往往是为了在特定的时间来处理特定的事情和问题，而事物又是在不断变化的，要在一定的时间内解决问题，必须及时地传递相关信息，因此它的时效性很强。不及时发文，拖拖拉拉，或时过境迁再发文，就会失去应用文的实用价值。例如，事情紧迫，应用文的成文时间就要快，公文中的急件、特急件就是如此。即使对时间要求不太严格的应用文，也有一个时限性的问题，如计划要在工作开始前写，总结要在工作完成后不久写。可见，成文时间和应用文能否发生作用或作用的大小有密切关系。应用文的时效性主要表现在三个方面：快写、快发、快办。有些应用文是由发文日期来表示它的生效期限或正式执行的日期，有些应用文则明确规定了执行的有效期限。相比之下，其他文体如文学作品，则一般没有明确的时效性。

（六）简约性

为了体现应用文的实用价值，提高办事效率，除法规、规章类公文外，一般应用文的篇幅不宜太长，要用简练准确的语言交代事由、解说事理、陈述办法；在表达上多使用说明、叙述，有时也用简洁的议论，并且叙述多用直笔，议论多就事论事，不旁征博引；语言运用要求简洁、准确、庄重、严谨，且符合文体要求。

(七) 规范性

应用文的实用性规定了其必须具有规范性，这样才能更有效地办理公私事务和解决实际问题。规范性是指应用文的格式、结构和内容等，具有相对统一的要求，不能随意更改或任意编造。应用文（尤其是公文）从主旨的提炼和表达、材料的选择、结构的安排、表达方式的选择、语言的锤炼、文本的格式到制作的程序，都必须符合一定的要求和标准。法定公文的规范性，既体现了公文本身的严肃性和权威性，又满足了提高办事效率的需要。应用文规范性的形成主要有两方面：一是由国家机关发文统一规定；二是约定俗成，在长期实践中逐步发展形成。规范性既便于作者制作文章，又便于读者的阅读。

学习应用文写作，必须了解和掌握法定公文的标准规范和其他应用公文约定俗成的规范，这样才可能写出具有实用价值的应用文。

四、应用文的作用

(一) 指导和规范作用

应用文是人们管理社会的有效工具。为了使工作有组织、有领导、有条理地进行，上级机关往往通过发布文件的形式将所制定的路线、方针和政策逐级传达下去，使干部群众提高认识、统一思想，以便更好地部署任务，指导下级工作。与其他传播手段相比，以应用文的形式传达上级机关指示，履行领导职能，更为庄重、严肃，也更为有效。

应用文不仅具有指导作用，还具有规范人们行为的作用。如法规性应用文，是经过全国人民代表大会或国务院和地方政府通过的，是依据宪法和各种法律条文的要求而制定的，这类应用文的目的就是使国家的各项活动有法可依、有章可循。此外还有许多应用文，都不同程度地规定了人们的行动准则和行为方向，成为大家遵守和执行的标准，具有规范和准绳作用。这类应用文一经发布，就必须坚决执行，任何人都不得违反。

(二) 联系和告知作用

随着社会经济的快速发展，个人与个人之间，个人与集体之间，不同的机关、团体、企事业单位之间，甚至是不同的国家、地区之间，都会发生各种公务联系和业务往来。应用文就是上下级、同级或不相隶属单位之间联系业务、协调关系的有效工具。应用文这种交流和联系的作用可以把全国各地乃至世界各国紧密地联系在一起，互相配合，协调一致，从而实现共同的预定目标。反之，如果这种联系与交流受阻或不畅，就会影响我们的工作，造成工作上的被动和失误。

应用文还具有告知作用。上级制定的方针、政策和指示、意见等，需要尽快向下级传达；下级的希望、要求、工作情况以及所属部门、单位的各种动态，特别是一些新情况、新问题、新经验，也需要用一定的书面材料来向上级反映，而这一切都是由应用文来承担的。

(三) 参考和凭据作用

一份应用文，既是制发机关开展某项工作意图的凭证，又是收文机关贯彻执行、开展工作的依据。上级机关在制定方针政策或指导工作时，除了进行实地调查外，还要参考下级机关上报的各类材料，如请示、报告、计划、总结、简报等。而下级机关在开展工作、处理问题时，往往也把上级的有关文件，作为判断是非的主要依据。

应用文反映了国家机关、社会团体、企事业单位一定时期的具体情况。当它们完成特定的历史使命后，往往被作为文献资料或历史档案材料加以保存，有的还可能成为反映某一时期政治、经济、文化、军事、外交等方面的珍贵历史资料，所以应用文还具有凭据和参考作用。

应用文的作用还有很多，随着社会经济的快速发展、科学技术的不断进步，应用文与社会发展、人们生活之间的关系会越来越密切，其使用的频率也会越来越高，而且还会有更多的功用表现出来。

五、应用文的分类

(1) 从来源上分：对外文书（发文）、收来文书（收文）、内部文书。

(2) 从作用上分：指挥性文书、规范性文书、报请性文书、知照性文书、记录性文书。

(3) 从行文关系上分：上行文、平行文、下行文、泛行文。

(4) 从内容处理要求分：需办件、参阅件。

(5) 从时间处理要求分：特急件、急件、平件。

(6) 从保密处理要求分：绝密、机密、秘密。

(7) 按内容、性质，可划分为：

1) 公务文体：命令、决定、通知、通报、会议纪要、报告、请示等；

2) 事务文体：计划、总结、简报、规章制度等，包括个人事务类，如日记、读书笔记、信函等；

3) 信息文体：消息、通讯、电子文稿、说明书等；

4) 财经文体：合同、标书、调查报告、审计报告等；

5) 诉讼文体：起诉书、上诉书（申诉书）、答辩书等；

6) 学业文体：实验报告、学术论文、毕业论文、毕业设计等。

六、应用文写作的基本要求

(一) 选准文种，因事成文

一般撰写应用文，首先应考虑写什么，是什么性质的问题，该使用何种文种，这是应用文的特点所决定的，也是它与其他文体的区别所在。尤其是公文，什么事、是什么性质的问题、该使用何种体式等，都有严格的规定。

（二）熟悉业务，掌握党和国家政策

作为一个应用文写作者，必须了解党在不同历史时期的方针政策，必须熟悉与自己工作有关的法律、法规、制度，这样才能写出好的应用文。文学作品来源于现实生活，作家要创作，就必须深入现实生活，熟悉、体验生活，只有这样才能写出有分量的好作品。应用文的写作也一样，要写出好的应用文，就必须深入生活，熟悉业务，把准工作的脉络，这是写好应用文的基础。

（三）中心突出，材料充分，典型

文章要做到主题突出、鲜明，就必须围绕一个中心，把问题说深说透。态度要明确，赞成什么、反对什么、揭示什么都要明白无误、旗帜鲜明，这就是应用文的灵魂所在。一篇应用文只能有一个中心，不允许有两个或两个以上的中心，这是由应用文的性质、作用所决定的。

一篇应用文有了明确的主题，有没有丰富的材料就成为关键。应用文的中心与材料关系密切。如果说观点是文章的灵魂，那么材料就是文章的躯体。没有灵魂不行，没有躯体同样也不行。所以说要做到中心突出，必须从大量占有的材料中把那些与主题直接有关的并能有力表现和支撑主题的材料精心筛选出来，发挥“以一当十”的作用。材料是说明观点的，是观点的基础，如果有观点而无材料，那么观点是空洞、苍白无力的。当然，如果光有材料而无中心观点，那材料也无所适从。材料从性质上可分为事实性材料和理论性材料。凡现实生活中客观存在的事物，如商务工作的基本情况、信息、典型事例等都可称为事实性材料。而理论性材料一般指经过实践证明检验正确的原理、观点、定律、格言以及路线、方针、政策和相关法规等。应用文对材料的基本要求是：真实、可靠、典型、新鲜。如果材料不真实、不可靠，观点就缺乏基础，因此材料的真实、可靠性是观点科学性的重要依据。材料除了真实、可靠外，还要求典型，因为典型材料能够准确地反映事物的本质。材料不典型，即使是真实的，也可能不能反映事物的本质特征，而只是一种现象。材料还要求新鲜，尽可能地反映现实生活中的新鲜事物、最新信息。这好比商务工作总结中使用的统计数字，当然是选择最新的为好。

第二节　应用文的内容要素

应用文和其他文体一样，都是由一定的内容及与内容相适应的一定的结构形式构成的。内容的构成要素是主题和材料，形式的构成要素是结构和语言。但应用文写作与文学写作对构成要素的要求是不同的。了解二者的区别，掌握应用文的构成要素，对写好应用文至关重要。

一、应用文的主题

主题是指作者通过文章的全部材料和表现形式所表达出的中心思想和基本观点，是文章的“灵魂”和“统帅”，在一篇文章中占据中心地位。没有主题的文章，其实只是东拉西扯的材料。一篇文章材料的选取、结构的安排、语言的运用、表达的方式及标题的确立，都要根据主题的需要来确定。如果离开了主题，材料、结构、语言等就失去了主脑，文章就无所依附。

（一）主题的表现形式

一篇文章质量的高低、价值的大小，其决定因素在于主题是否正确、鲜明、深刻和集中。对主题的这些基本要求，不论是应用文还是文学作品，都必须遵循，没有例外，但在主题表现的形式方面，两者存在着明显的差异。

在应用文中，主题通常被称为论点、观点和主旨，它一般采用对客观事物直接表明态度和提出意见的方法来直陈观点，行文主旨十分明确。一般应用文的主旨在标题中就能直接显示出来，如《国务院办公厅关于做好当前减轻农民负担工作的意见》一文，其主旨一目了然，真正做到“立片言以居要，乃一篇之警策”。此外，在文章开头或结尾部分明确提出行文目的也屡见不鲜。

文学作品则是通过对人物的刻画、事件的讲述和情景的描写来展示生活，作者的观点多寓于人物、事件、景物的描写和评述之中，表达不是十分明显，需要读者自己去体味作者的思想倾向。

总之，应用文主要是运用逻辑思维，以抽象的形式反映世界；文学作品则主要运用形象思维，以具体的形象反映生活。

（二）应用文主题的要求

（1）正确。正确有两层意思：一是正确领会写作意图；二是对某事物或某问题的认识是正确的。应用文写作具有奉命性，往往是根据领导意图和指示精神进行写作，主题的产生和确定受命题的限制。此处应用文写作的命题是实际工作中要解决的具体问题，因而其主题只能在指定的要解决的具体问题中产生、确定，作者认识、解决问题的思想观点就是应用文写作的主题。这就要求我们必须认真学习领会上级有关文件精神，领会领导意图，全面了解和掌握实际情况，要能够正确反映事物的发展规律，所阐明的观点、提出的主张，要符合党和国家的路线、方针和政策，符合有关法律、法规，符合客观实际。

（2）鲜明。鲜明是指文章的主题要明确，作者的态度要明朗，提倡什么，反对什么，不要模棱两可，似是而非，要让读者一看就明白。主题鲜明，对于应用文来说尤为重要。应用文是直接用来办事的，如果主题不鲜明、态度含混不清，受文者就难以贯彻实施。因此要密切联系党和国家的方针政策，立场鲜明地把主题表现出来，使读者一目了然。

（3）集中。集中是指中心突出，主旨单一。一般说来，一篇文章只能有一个主题，不能多中心。应用文都是“一文一事”，即一篇应用文只能有一个主题、一个中心，表达一个思想，说明一个问题。这就要求我们坚持“一文一事”的原则，围绕中心议题说深说透，坚持重点论，反对多中心。只有这样才能使文章中心明确，重点突出，便于传递、理解和贯彻，从而更好地提高办事效率，解决实际问题。

（4）深刻。深刻是指文章内容有深度，能够揭示事物的本质，反映事物的内部规律。主题要开掘得深刻，就要加强分析，在揭示事物的本质上下工夫，也就是要善于透过现象看本质，挖掘别人看不到的或者虽然看到了但缺乏认识深度的东西。

二、应用文的材料

（一）材料的含义

材料是作者为一定的写作目的，直接或间接地从社会生活中收集的各种情况、事例和统计数字。材料是写作的物质基础，是文章的血肉。主题和材料是构成文章内容的两个基本要素，两者相辅相成，缺一不可。主题统率材料，材料表现主题。材料的外延相当宽泛，素材、题材、资料等都可以称为材料。但材料的具体含义及其要求在应用文和文学作品中是有区别的。素材和题材，多用于文学创作活动中，一般将收集来的未经加工整理的原始材料，称为素材，而把写入文章中的材料称为题材。就应用文来说，材料是指写入文章的、用来表现主题或阐明事理的一系列事实和道理，如引文、资料、数字等。至于收集来的未经加工整理的事实和道理，通常称为资料，类似于文学创作中的素材。

（二）材料工作的内容

材料工作分为四个环节：搜集、鉴别、选择、使用。

1. 材料的搜集

搜集材料一般有以下三条途径。

（1）在现实生活的具体实践中观察、体验，直接获取亲自经历的材料。这类材料属于直接的第一手材料，作者的感受一般都比较深刻。获取这类材料关键是要注意平时的积累。

（2）根据文章写作的需求，对既定对象进行调查、采访，有目的、有计划地搜集材料。这类材料属于间接的第一手材料。获取这类材料的关键是要善于发现和鉴别。

（3）通过书刊、文档以及计算机网络等，从文献资料和网上信息资源中搜集材料。

搜集材料要注意以下三点：

（1）材料要尽可能的丰富和详尽，最大限度地占有材料，为鉴别和选择打下基础。

（2）要有一定的范围和方向，不能盲目地、漫无边际的寻找。

（3）对搜索的材料要及时分类整理，做好材料笔记和材料卡片。

2. 材料的鉴别

对材料的鉴别，就是判断材料的真伪，分析材料的性质，估计材料的意义与作用。鉴别材料的真实性，要考虑两方面的因素：一方面是材料的客观真实性，如事件是否发生，问题是否存在，数据是否准确，等等；另一方面，要看材料是否具备本质的真实。因为就某些个别现象而言，虽然事情是存在的，数字是真实的，但放在整体之中衡量，这些偶然的、个别的真实现象不能反映整体面貌和内在本质，不典型，也不能代表本质真实。

3. 材料的选择

材料是应用文的具体内容，也就是作者为了表明观点，从客观现实中搜集、提取并写入文章的一系列事实或论据，如具体的事例、数据、引语等。材料与观点的关系十分密切。观点要借助材料来体现，材料必须依据观点来组织，做到观点和材料相统一。选用材料，还要注意得当，这可以从下面三个方面去衡量：一是材料是否具有真实性；二是材料是否具有典型性；三是材料是否具有新颖性。

（1）真实性。应用文的应用性决定了其写作必须是实事求是、文实相符，就是说所使用的材料包括数字、事例、引用文都必须真实可靠、准确无误，完全符合实际。因此要求在材料使用时，要认真查证、核实并严格选择，不唯上，不唯书，只唯实。

（2）典型性。典型材料就是具有代表性的、能反映事物的共性与特性、能够揭示事物的本质和规律的材料。观点一经形成，就要根据观点的需求来决定材料的取舍，能说明观点的材料就取，否则即舍。材料的取舍和文种的关系很大，如报告、请示、调查报告等选用的材料要详尽些，通知、通告选用的材料应简略些。

（3）新颖性。新颖的材料就是指能反映新事物、新情况和新思想，符合时代特点的材料。

经过鉴别可用的材料，还要认真剪裁、精心安排，做到详略得当、主次分明，这样才能有效地为表达观点服务。

4. 材料的使用

使用材料是在吃透材料的基础上灵活运用，切记拘泥呆板，要想方设法使材料活脱灵动，避免简单机械地照搬。

（1）要努力发掘材料本身的深刻意义，仔细研究材料与主旨的关系，使材料最大限度地发挥揭示事物本质的作用，做到小中见大、平中见奇。

(2) 仔细地增删取舍，使详略疏密得当。对表现主旨起主要作用的材料，或事件内涵深刻，具有广泛意义的材料，要详写；属于次要的、烘托性的材料，或概括性的材料，可略写。什么材料用在哪里要斟酌，因为可能几个材料都是为同一个问题准备的，用哪个都可以，或者不同角度的几个问题都需要同一材料，所以要仔细研究，做好调整安排，把材料用在最合适的地方。

(3) 要安排好顺序，先写什么，后写什么，要按照逻辑顺序合理安排，使杂乱无序的材料成为有序的信息系统。

三、主题与材料的关系

主题蕴含于材料之中，但是主题一旦确立，就会统率材料，对材料进行抉择和限制。主题与材料是文章的两个方面：主题是文章的“灵魂”，材料是文章的“血肉”。主题与材料结合好了，文章就有活力，就有生机；如果结合不好，就不能形成一个浑然的整体，文章就干瘪，就没有生气。只有二者统一和谐，相辅相成，才能构成一篇好的文章。处理好主题与材料的关系，是任何一种文体写作中首要的、也是最重要的问题。

第三节　应用文的形式要素

一、应用文的结构

应用文的结构是应用文内部的组织形式。如果把主题称作应用文的灵魂，材料称为应用文的血肉，那么结构就是应用文的骨架。应用文的结构要求完整，即要根据应用文观点表达的需要，将材料有步骤、有主次地组织起来，使全文形成一个完整、严密的有机整体，为传达发文者意图服务。

应用文结构的形式多种多样，一般来说，总体结构大致由三部分组成，即行文依据或目的、具体事情或事理、对事情事理的态度或要求。在具体安排时，要根据不同的文体特点安排不同的结构形态。例如，工作报告、会议纪要等陈述性文体，大多根据管理活动、管理对象的发展变化及特征来组织文章结构，要求有头有尾，连贯完整；规章制度、合同、协议书等文体，侧重说明根据、规则及措施，常使用条款式和表格式组织结构；调查报告、学术论文等说理性的文体则要运用论据对论点进行论证，其结构一般按提出问题、分析与论证问题、解决问题的次序组织。

应用文的格式是应用文的外部特征，由于应用文种类繁多，故其具体格式各有不同要求，有的是在长期的使用中形成约定俗成的惯用格式，有的是国家法规规定的格式。撰写应用文必须依照规定的格式，符合规范要求，以提高办事的准确性和办事的效率。

二、应用文的语言

应用文的语言，总的来说，要求叙事求实、周全，说理平实、严谨，说明质朴、明快，风格庄重、朴实自然。应用以记述为特征，以实用为目的，不刻意追求语言的艺术性，也不以语言的生动为主要标准，而是把语言的准确、平实、简洁、得体作为最基本的要求。

（1）准确。准确就是符合客观实际，符合逻辑，表达明白清楚，能够使人们看了就懂，并可以付诸实践。要做到语言准确，就要用正确的表达方式，多用叙述和说明，少用议论；注意句式严密，使用陈述句、祈使句而不用倒装句、感叹句和省略句；不滥用简称、省略语；正确运用各种数量的概念。

（2）平实。平实就是语言实在，强调直接叙述，有什么说什么，不用或少用形容词之类的附加成分，不用或少用比喻、借代、比拟、夸张之类的修辞手法，要实实在在地叙述事实、铺陈景物、解剖事理。

（3）简明。简明就是言辞精练，用尽可能少的文字，浓缩大量的信息，做到不蔓不枝、干净利索地表达。为适应言简意赅的要求，应用文往往使用一些文言词语和特定用语，这些语言能为应用文增添凝重的色彩，同时也能为应用文做到用语言简明创造条件。

（4）得体。得体就是应用文的语言必须适应不同文种的需要，合乎行文关系，合乎阅读对象的实际，表达适度、有文采。例如，对上级行文，要体现出下级机关对上级机关负责的精神，用语言尊重、简要；平行机关之间的行文，要体现出诚恳配合、友好协作的态度，用语言谦和、礼貌；对下级行文，要体现出领导机关的权威与政策水平，用语宜明确、具体，分寸得当；公布性文稿的用语宜通俗、明白，尽量避免生僻难懂的词语、典故及专业术语；用于社会公共服务的文书，更要注意用语平和且有礼貌，表现出热诚服务的愿望。

应用文体的语言除了上述特点之外，通俗易懂、文风朴实也是非常重要的。因为应用文是写给人看的，其最广泛的读者是广大群众。毛泽东同志在党的八届七中全会上的讲话中提出："凡是看不懂的文件，一律不准拿出来，拿出来也要顶回去。写文件要通俗，要有目的性，观点要明朗，讲话要看对象。"

三、应用文的表达方式

（一）叙述

叙述是作者对人物的经历和事件的发展变化过程以及场景空间的转换所作的叙说和交代。无论是文学作品还是非文学作品都要用到叙述，叙述是最基本、最常用的表达方式。叙述的方法有顺叙、倒叙、插叙等。

应用文的叙述具有以下特点。

（1）以叙事为主。应用文用于反映现实，解决问题，与一般记叙文以写人为主不同，它多以叙述事情为主，如阐述事情原委、反映情况、总结工作、传达信息、介绍经验等。

（2）如实叙述。应用文的实用性特点，决定了应用文的叙述应符合生活的真实，不应为了某种需要而夸大或缩小。例如，市场调查所叙述的材料不真实，就会使企业决策错误，蒙受损失。相比之下，文学作品允许"艺术的真实"，使文章波澜起伏，从而感染读者。

（3）交代清楚。应用文要将叙述的六要素——时间、地点、人物，事件的起因、经过、结果交代清楚。有时，这六要素中的一些要素可以省略，但应以读者对事情有较清楚全面的了解为前提。

（4）概述为主。概述是用概括、简明的语言把事情的全貌或本质简单地交代出来。应用文多用简明扼要的概括来叙述，即使是比较详细的典型材料的叙述，也不宜像写小说那样铺陈、细描，而是尽可能用概括的语言，说明它的前因后果、来龙去脉。初学应用文写作，要特别注意把握分寸，力求言简意赅。

（5）语句平直。由于应用文表达的核心是把握问题的实质，为表现主旨服务的，因此应用文叙述的用语一般要求平铺直叙，较少使用修饰性词语，不拐弯抹角；一般采用顺叙，即按时间的推移、事件的发展顺序来写。这样便于读者清晰地掌握事情的来龙去脉。

（二）议论

议论就是对某个问题或事件进行分析和评论，表明自己的观点和态度。在应用文中，议论使用频率较高，评论类、演讲类、诉讼类、学术类等文体，都需要通过议论来分析原因、判断是非、发表见解、表明观点。应用文中的议论以事实为根据，不掺入个人主观好恶情感，抓住要点，做简洁、明了的议论。

议论在应用文中的作用是：评论作品中的人物和事实；通过事实材料进行分析推理；阐明观点，表明态度。

1. 议论的方法

一段完整的议论有三要素，即论点、论据和论证方式。论点，就是作者在文章中对某个事物、某个问题提出的主张、看法和作出的判断。论据，就是用来证明论点的事实和道理。论证方式，就是把论点和论据按照一定方式联系起来，运用论据证明论点的方法和过程。

应用文中论证的方法主要有例证法、引证法、喻证法、类比法、对比法、因果法、反证法等。

（1）例证法，就是以事实作为论据，举例来论证论点。这是最常用的方法，所选的事例要具有代表性、典型性。

（2）引证法，就是引用党和国家的有关方针、政策的条文，权威论述，科学上的公理、定义等作为论据来证明论点的方法。

（3）喻证法，就是通过打比方，用具体的事物来证明抽象的道理。用来打比方的可以是具体的事实，也可以是寓言、神话和其他材料。

（4）类比法，就是将某一事物和另一事物，放在一起比较相同点，以某一事物的正确或谬误来证明另一事物的正确或谬误的方法。

（5）对比法，就是将两种性质、特征相反的情况进行比较，形成鲜明的对照，从而显示出它们的本质。

（6）因果法，也称分析法，这种方法是以公认的道理或基本原则做论据，通过分析问题、剖析事理来揭示论点和论据间的因果关系，从而证实论点的正确。

（7）反证法，不从正面着手论证自己论点的正确，而是通过论证相反论点的错误，从而间接证明自己论点正确的方法。

2. 议论的要求

（1）论点正确，论据可靠，论证合乎逻辑。论点是议论的中心，它必须符合客观事物的本质规律，符合党和国家的方针政策，符合人民群众的愿望。论点要针对社会生活中的实际问题提出，要有的放矢。论据是支撑论点的，论据不充足、不真实，得出的结论就不能信服。论证中，论点与论据之间的联系包含着种种推理，推理要准确，分析要严密，从而使整个论证过程无懈可击。

（2）简要分析，就事论理。应用文的议论一般是在叙述、说明的基础上进行的。它无须做长篇大论，无须做复杂的、多层次的逻辑推理，也不需像一般议论文章那样一定要具备论点、论据、论证这样一个完整的议论过程，它只需抓住实质做简要分析，就事论理，依靠真实典型的客观事实来直接证明论点。

（3）实事求是，不带个人感情色彩。在文学作品中作者常常寓情于理，带着个人的感情展开议论。而应用文中的议论一般是就事论事，实事求是，不带个人感情色彩，表现得较为客观冷静。

（三）说明

说明是用言简意赅的文字对事物、事理进行解说的表达方式。说明的目的是为了使读者了解事物、明白事理。简而言之就是“知物、解事”。说明可以使读者对事物的性质、成因、构造、功能，对事理的概念、内容、规律、特点、关系等有一个鲜明的了解和认识。在应用文中，介绍事物、剖析原因、提出方案等都要用到说明这一表达方式，例如产品说明书、商业广告、市场预测报告等。

常用的说明方法有定义说明法、诠释说明法、分类说明法、比较说明法、例证说明法、数据说明法、图表说明法等。应用文的说明有以下几个特点。

（1）客观准确。应用文的说明要求站在客观的立场解释和介绍事物、事理，不夸大、不缩小，不能以作者的主观兴趣与好恶作为解说事物的标准、阐明事理的依据；否则，可能害人害己，比如某些夸大其词的医药产品说明书。

应用文的说明不仅要求态度客观，而且要求表述准确。因此，在说明事物、解释事理时，语言要准确、贴切，可以适当使用专业术语，并能抓住事物的主要特征。

（2）注意顺序。为了使读者更好地阅读理解，应用文的说明应力求有序。说明的顺序一般有时间顺序、空间顺序、时空顺序、逻辑顺序。应用文选用什么顺序进行说明，视被说明对象的情况而定。例如运用逻辑顺序说明，要注意从总到分、从主到次、由浅入深、由表及里的逻辑顺序，分条分类地进行。

（3）综合使用多种说明方法。应用文在运用说明方法的过程中，经常是多种说明方法综合使用，例如同时使用数据说明和比较说明、定义说明和分类说明。这样可以把事物表述得更具体、准确。

思考与练习

1-1 应用文的特点与作用有哪些？

1-2 应用文是按什么标准分类的？

1-3 应用文写作的语言要求是什么？

1-4 简述应用文产生的历史。

第二章　公务文书

第一节　公务文书概述

一、公务文书的概念

公务文书，简称公文，是法定机关与组织在公务活动中，按照特定的体式、经过一定的处理程序形成和使用的书面材料，又称公务文件。本章所讲的公务文书主要是指党政机关公文。

2012 年中共中央办公厅、国务院办公厅印发了《党政机关公文处理工作条例》(以下简称《条例》)，该《条例》指出：“党政机关公文是党政机关实施领导、履行职能、处理公务的具有特定效力和规范体式的文书，是传达贯彻党和国家方针政策，公布法规和规章，指导、布置和商洽工作，请示和答复问题，报告、通报和交流情况等的重要工具。”

《条例》中规定党政机关的公文种类主要包括决议、决定、命令（令）、公报、公告、通告、意见、通知、通报、报告、请示、批复、议案、函、纪要。

二、公务文书的特点

由于公务文书是具有特定效力的公文，因此其与一般文章相比，具有自身的特点，主要为：

（1）作者的特定性。所谓作者的特定性是指公务文书的制订和发布者必须是国家党政机关、企事业单位、社会团体以及依法成立并能以自己的名义行使权力和担当义务的组织。任何个人都不具备代表自身发布公务文书的权利。因此，公务文书的作者是特定的。

（2）内容的政策性。公务文书是由国家权力机关制定并发布的，代表的是国家的意志，实行国家管理和统治，所以各级党政机关、团体、企事业单位行文时，都必须与国家的方针政策相一致，以严格保证国家各项政策的贯彻落实。

（3）执行的权威性。行政公文作为国家党政机关管理意志的体现，其内容具有法定的权威性。国家也从法律和行政措施上对行政公文的权威性给予保证，因此，公文一经下发，相关单位及成员就必须执行，任何单位和个人不得擅自变更，这也是保证党和国家的路线、方针、政策得以顺利贯彻执行的重要前提。

（4）体式的规范性。体式的规范性是指公务文书在写作格式上具有严格的规范性要求，《党政机关公文处理工作条例》中对党政机关公文格式做出了非常具体的规定，并要求党政机关在撰写公文过程中，要严格遵照执行。

三、公务文书的格式

党政机关公文格式是指党政机关公文的各组成部分在文面上所占的位置。中华人民共和国国家质量监督检验检疫总局、中国国家标准化管理委员会 2012 年 6 月发布的《党政机关公文格式》（GB/T 9704—2012），对国家党政机关公文格式各要素及排版形式做了明确的规定。

（一）公文格式各要素

公文格式各要素分为版头、主体、版记三部分。

1. 版头

置于公文首页红色分隔线以上的各要素统称公文版头，包括公文份数序号、秘密等级和保密期限、紧急程度、发文机关标志、发文字号、签发人。

（1）份号。份号是公文印制份数的顺序号，即将同一文稿印刷若干份时每份公文应顺序编号，用 6 位 3 号阿拉伯数字，置于版心左上角第一行。涉密公文应当标注份号。

（2）密级和保密期限。密级用于标注公文的保密程度，分为“绝密”、“机密”和“秘密”三级；保密期限是对公文秘密等级时效规定的说明。密级和保密期限顶格置于版心左上角第二行，一般用 3 号黑体字。保密期限中的数字用阿拉伯数字标注。

（3）紧急程度。紧急程度是对公文送达和办理的时限要求。公文根据紧急程度，标注“特急”、“加急”，一般用 3 号黑体字，顶格编排在版心左上角。如需同时标注份号、密级和保密期限、紧急程度，按照份号、密级和保密期限、紧急程度的顺序自上而下分行排列。

（4）发文机关标志。发文机关标志表明公文的作者，它是发文机关制作公文时使用的、规范版式的文件版头，通常称“文头”。由发文机关全称或规范化简称后加“文件”组成，居中红色套印在文件首页上端。联合行文时，发文机关标志可以并用联署发文机关名称，也可以单独用主办机关名称。如有“文件”二字，置于发文机关名称右侧，以联署发文机关名称为准上下居中排布。

（5）发文字号。发文字号是发文机关按照发文顺序编排的顺序号。它由发文机关代字、年份和序号组成，置于发文机关标志下空两行处，居中排布。年份、序号用阿拉伯数字标注；年份应标全称，用六角括号“〔 〕”括入；序号不编虚位（即 1 不编为 001），不加“第”字，在阿拉伯数字后加“号”字。

（6）签发人。由“签发人”三字加全角冒号和签发人姓名组成，居右空一字，编排在发文机关标志下空两行位置。“签发人”三字用3号仿宋体字，签发人姓名用3号楷体字。如有多个签发人，签发人姓名按照发文机关的排列顺序从左到右、自上而下依次均匀编排，一般每行排两个姓名，回行时与上一行第一个签发人姓名对齐。

2. 主体

公文主体部分又称行文部分，是置于公文首页红色反线（不含）以下至抄送机关（不含）之间的各要素的统称，包括标题、主送机关、正文、附件说明、成文日期、印章、附注、附件。

（1）标题。标题是对公文主要内容准确、简要的概括。它由发文机关名称、事由和文种组成。标题中除法规名称加书名号外，一般不用标点符号。标题位于红色反线下空两行处，用2号小标宋体字，可分一行或多行居中排布；回行时，要做到词义完整，排列对称，间距恰当。

（2）主送机关。主送机关是指要求公文予以办理或答复的主要受理机关，应当使用机关全称、规范化简称或者同类型机关统称。主送机关标注在标题下空一行处，左侧顶格，采用3号仿宋体字，回行时仍顶格。多个主送机关之间用顿号或逗号隔开，最后一个主送机关名称后标全角冒号。

（3）正文。正文表述公文的具体内容，是公文的核心部分。在主送机关名称下一行开始写正文，每自然段左空两字，回行顶格，文中结构层次序数依次可以用“一、”“（一）”“1.”“（1）”标注；一般第一层用黑体字、第二层用楷体字、第三层和第四层用仿宋体字。

（4）附件说明。公文如有附件，在正文下空一行左空两字用3号仿宋体字标注“附件”二字，后标全角冒号和名称。附件如有序号使用阿拉伯数码（如“附件：1. ×××××”）。附件名称后不加标点符号。

（5）发文机关署名。署发文机关全称或者规范化简称。

（6）成文日期。成文日期指公文生效的时间。署会议通过或者发文机关负责人签发的日期。联合行文时署最后签发机关负责人签发的日期。标注在正文之下，空两行右空4字。用汉字将年、月、日标全。

（7）印章。公文中有发文机关署名的，应当加盖发文机关印章，并与署名机关相符。有特定发文机关标志的普发性公文可以不加盖印章。成文日期一般右空四字编排，印章用红色，不得出现空白印章。

单一机关行文时，一般在成文日期之上、以成文日期为准居中编排发文机关署名，印章端正、居中下压发文机关署名和成文日期，使发文机关署名和成文日期居印章中心偏下位置，印章顶端应当上距正文（或附件说明）一行之内。

联合行文时，一般将各发文机关署名按照发文机关顺序整齐排列在相应位置，并将印章一一对应、端正、居中下压发文机关署名，最后一个印章端正、居中下压发文机关署名和成文日期，印章之间排列整齐、互不相交或相切，每排印章两端不得超出版心，首排印章顶端应当上距正文（或附件说明）一行之内。

（8）附注。附注是需要说明的其他事项，如公文的发放范围、使用时的注意事项、联系人及联系方式等。公文如有附注，居左空两字加圆括号编排在成文日期下一行。

（9）附件。附件是公文正文的说明、补充或者参考资料。它是正文内容的组成部分，与公文正文具有同等效力。附件应当另面编排，并在版记之前，与公文正文一起装订。“附件”二字及附件顺序号用3号黑体字顶格编排在版心左上角第一行。附件标题居中编排在版心第三行。附件顺序号和附件标题应当与附件说明的表述一致。附件格式要求同正文。如附件与正文不能一起装订，应当在附件左上角第一行顶格编排公文的发文字号并在其后标注“附件”二字及附件顺序号。

3. 版记

公文末页首条分隔线以下、末条分隔线以上的部分称为版记，置于抄送机关以下的各要素统称为版记。它包括版记中的分隔线、抄送机关、印发机关和印发日期等要素。

（1）抄送机关。抄送机关指除主送机关外需要执行或知晓公文的其他机关。公文如有抄送机关，一般用4号仿宋体字，在印发机关和印发日期之上一行、左右各空一字编排。“抄送”二字后加全角冒号和抄送机关名称，回行时与冒号后的首字对齐，最后一个抄送机关名称后标句号。

（2）印发机关和印发日期。印发机关是印制公文主管部门，印发日期是公文的付印日期。印发机关和印发日期一般用4号仿宋体字，编排在末条分隔线之上。印发机关左空一字，印发日期右空一字，用阿拉伯数字将年、月、日标全，年份应标全称，月、日不编虚位（即1不编为01），后加“印发”二字。版记中如有其他要素，应当将其与印发机关和印发日期用一条细分隔线隔开。

（二）公文的排版形式

排版形式指公文各组成要素在文件版面上的标印格式。

1. 公文用纸幅面尺寸

公文用纸采用国际标准A4型，其成品幅面尺寸为297mm×210mm（长×宽）。

公文用纸天头37mm±1mm，订口（左白边）28mm±1mm，版心尺寸156mm×225mm。

2. 页码

页码用4号半角宋体阿拉伯数字标识，置于版心边缘之下，数字左右各放一条一字线，一字线距版心下边缘7mm。单页码居右空1字，双页码居左空1字。

3. 信函式公文

发文机关名称上边缘距上页边的距离为30mm。发文机关名称推荐用小标宋体字，字号由发文机关酌定；发文机关全称下4mm处为一条红色双线（上粗下细），距下页边20mm处为一条红色双线（上细下粗），两条线长均为170mm，居中排布，发文机关名称及双线均印红色。

第二节　通　　知

一、通知的概念

根据《党政机关公文处理工作条例》，通知是“适用于发布、传达要求下级机关执行和有关单位周知或者执行的事项，批转、转发公文”时使用的公文。

二、通知的特点

（1）适用的广泛性。通知的适用范围很广，无论是国家机关公布政令法规，还是基层单位发布事务告知，各级机关、单位和团体，无论规模大小都可以使用通知这种公文形式。它既可以用于传达上级机关的指示，也可以用于批转下级机关的公文，概括起来主要用于批转文件、转发文件、印发文件、发布规章、传达事项、任免和聘用干部等几个方面。

（2）使用的高频性。由于通知具有应用的广泛性，加之通知内容非常宽泛，因此通知是公务文书中使用频率最高的一个文种。据不完全统计，通知的使用量约占各级行政机关公文总量的一半以上。

（3）流向的灵活性。通知既可以在上下级单位之间流通，又可以在平行单位或者不相隶属的单位之间往来流动，所以通知在各种法定公文中流向最具灵活性。

（4）内容的告知性。通知的目的是将特定的事项告知对方，并且对于告知的事项具体内容要有明确的交代，因而通知具有突出的告知性特点。

三、通知的种类

通知根据其内容及适用范围的不同，可以分为六大类：

（1）发布性通知。发布性通知用于上级机关发布行政规章制度及其他重要文件。

（2）批转性通知。批转性通知用于上级机关根据工作需要及本机关的职权范围批转下级机关的公文，予以相关人员周知或执行。

（3）转发性通知。转发性通知用于转发上级机关、平级机关和不相隶属的机关的公文给所属人员，让其周知或执行。

（4）指示性通知。指示性通知用于上级机关对下级机关就某项工作有所指示和安排，传达要求下级机关办理和有关单位共同执行的事项。相对于其他通知类型，指示性通知具有执行效能和较强的约束力，要求有关单位必须执行。

（5）任免性通知。任免性通知常用于党政机关任免和聘用干部。

（6）事务性通知。事务性通知用于处理日常工作中带事务性的事情，常把有关信息或要求用通知的形式传达给有关机构或群众。

四、通知的写法

一般通知都要求写出缘由和事项，但不同种类的通知在写法上也不尽相同。

（一）发布性通知的写法

发布性通知一般由标题、主送机关、正文和落款等几部分构成。

（1）标题。发布性通知的标题由发文机关名称、被印发的公文标题与“通知”二字构成。其中被印发的公文标题是由“关于发布”与发布的公文名称构成，例如，《中共中央关于印发〈××实施纲要〉的通知》。

（2）主送机关。发布性通知的主送机关指公文的主要受理机关，即受文单位。要求在标题下空一行，左侧顶格标注。

（3）正文。发布性通知的正文一般比较简短，多用祈使语句，适当配以说明语句。内容包括发布行政规章的名称、印发目的、贯彻执行的要求及实施的日期。

（4）落款。发布性通知的落款写发文机关名称、发文日期，并加盖公章。

（二）批转性、转发性通知的写法

批转性、转发性通知一般由标题、主送机关、正文、附件和落款构成。

（1）标题。批转性、转发性通知的标题由发文机关、被批转或转发的文件名称与“通知”二字构成，例如，《国务院批转国家税务总局〈工商税制改革实施方案〉的通知》。

（2）主送机关。批转性、转发性通知的主送机关指公文的主要受理机关。标题下空一行，左侧顶格标注。

（3）正文。批转性通知内容包括批转机关审批意见、批转或转发的目的、贯彻执行的要求三部分。例如，“××省人民政府同意《××意见》，现转发给你们，请认真贯彻执行”。

转发性通知内容包括转发说明、贯彻执行的要求两个部分。例如，“现将《××通知》转发给你们，请认真贯彻执行”。

有些通知还根据实际情况简明扼要地阐述批转、转发公文内容的重要性、做好某项工作的意义及执行过程中的要求。

（4）附件。不是所有通知都具有附件，转批性通知、转发性通知中的附件是发文单位要批转、转发的对象。

附件名称位于正文下空一行，左侧空二字，标注“附件”二字及附件名称，并将附件原文附在之后。

(5) 落款。批转性、转发性通知的落款写发文机关名称、发文日期，并加盖公章。

(三) 指示性通知的写法

指示性通知一般由标题、主送机关、正文和落款构成。

(1) 标题。指示性通知的标题由发文机关、事由和“通知”二字组成。如果是紧急情况，在通知前加“紧急”二字。例如，《国务院关于调整证券交易印花税中央与地方分享比例的通知》。

(2) 主送机关。指示性通知的主送机关指公文的主要受理机关。标题下空一行，左侧顶格标注。

(3) 正文。指示性通知的正文一般由三部分组成，即发文的缘由、通知的具体事项和执行要求。

发文缘由部分主要是用精炼的文字阐述发文的目的、意义及依据，有的还阐明某项工作当前存在问题。与通知具体事项之间常用承上启下过渡句连接，例如，“现通知如下”、“特作如下通知”等，其后用冒号。

通知具体事项部分是指示性通知的主体，要求写明指示的具体内容，并阐述具体做法和保障措施。如内容较多的，要分条列项的加以撰写，并注意条与条之间的逻辑关系。

执行要求是指示性通知正文的结尾，一般常用“特此通知，望认真贯彻执行”、“本通知自下发之日起实行”等。

(4) 落款。指示性通知的落款写发文机关名称、发文日期，并加盖公章。

(四) 任免性通知的写法

任免性通知一般由标题、正文、结束语和落款构成。

(1) 标题。任免性通知的标题由发文机关、事由和“通知”二字组成，例如，《××县人民政府关于××等同志职务任免的通知》。

(2) 正文。任免性通知的正文一般由任免的缘由、依据或目的和任免的具体事项组成。其中任免的缘由、依据或目的只要略作交代即可，任免具体事项部分要具体明确。

(3) 结束语。任免性通知的结束语一般直接采用通知的惯用结束语“特此通知”即可，切忌画蛇添足，不可添加诸如工作交接、上任要求等方面内容。

(4) 落款。任免性通知的落款写发文机关名称、发文日期，并加盖公章。

(五) 事务性通知的写法

事务性通知一般由标题、主送机关、正文和落款构成。

(1) 标题。事务性通知的标题由发文机关、事由和“通知”二字组成，例如，《××市地方税务局关于地址迁移的通知》。

(2) 正文。事务性通知的正文一般由告知事项的目的、依据及告知事项的具体内容组成。

（3）结束语。事务性通知的结束语一般直接采用通知的惯用结束语“特此通知”。

（4）落款。事务性通知的落款写发文机关名称、发文日期，并加盖公章。

【例文 2-1】

国务院办公厅关于 2015 年部分节假日安排的通知

国办发明电〔2014〕28 号

各省、自治区、直辖市人民政府，国务院各部委、各直属机构：

经国务院批准，现将 2015 年元旦、春节、清明节、劳动节、端午节、中秋节和国庆节放假调休日期的具体安排通知如下。

一、元旦：1 月 1 日至 3 日放假调休，共 3 天。1 月 4 日（星期日）上班。

二、春节：2 月 18 日至 24 日放假调休，共 7 天。2 月 15 日（星期日）、2 月 28 日（星期六）上班。

三、清明节：4 月 5 日放假，4 月 6 日（星期一）补休。

四、劳动节：5 月 1 日放假，与周末连休。

五、端午节：6 月 20 日放假，6 月 22 日（星期一）补休。

六、中秋节：9 月 27 日放假。

七、国庆节：10 月 1 日至 7 日放假调休，共 7 天。10 月 10 日（星期六）上班。

节假日期间，各地区、各部门要妥善安排好值班和安全、保卫等工作，遇有重大突发事件，要按规定及时报告并妥善处置，确保人民群众祥和平安度过节日假期。

国务院办公厅

2014 年 12 月 16 日

第三节 通 报

一、通报的概念

通报是国家机关、社会团体、企事业单位以及学校、部队等用以“表彰先进、批评错误、传达重要精神和告知重要情况”的公文。它是各级机关、企事业单位和团体从事工作指导、思想教育时常用的一种公文。其目的是交流经验，吸取教训，教育干部、职工群众，推动工作的进一步开展。

二、通报的特点

（1）典型性。无论是表彰性通报还是批评性通报，通报的人和事都要具有典型性，能够反映、揭示事物的本质规律，具有广泛的代表性和鲜明的个性。这样通报发出后，才能使人受到启迪，得到教益。

（2）真实性。通报的内容必须真实准确，不能有差错，更不能编造虚假情况。对于正反两方面的事实都要认真核实，做到准确无误。

（3）时效性。通报是针对当前工作中出现的情况和问题而发，其目的是尽快把情况传达下去，以引起广泛注意，促进工作。因此，通报作用的发挥，与及时、适时通报是分不开的。

（4）教育引导性。表彰性通报，对于被表彰单位（个人）是一种鼓舞激励，对于其他单位（个人）也是一种示范与鞭策。批评性通报是为了吸取教训、改正错误、引以为戒。因此，无论是表扬性通报还是批评性通报，都在于通过典型的人和事引导人们辨别是非、总结经验、弘扬正气、树立新风。

三、通报的种类

根据通报的内容和作用划分，通报可分为表彰性通报、批评性通报和情况通报三类。

（1）表彰性通报。表彰性通报用于表彰先进单位和个人，介绍先进经验或事迹，以此来树立典型，号召大家学习的通报。

（2）批评性通报。批评性通报是用来揭露问题、批评错误，提醒相关部门重视以及进一步要求被通报者和大家吸取教训的通报。其目的是为了批评个人或单位的错误行为或不良现象，防止类似事件再度发生，为机关、事业单位或工作人员提供前车之鉴，引起相关人员的警觉。

（3）情况通报。情况通报就是根据实际工作需要，通报重要情况、传达重要精神，用以指导本单位或部门工作开展，规范下级及其工作人员的工作行为的通报。

四、通报的写法

通报一般由标题、主送机关、正文、落款构成，有时根据具体情况需要还有附件及抄报、抄送等。

（一）表彰性通报的写法

表彰性通报一般由标题、主送机关、正文、落款构成。

（1）标题。表彰性通报的标题通常由发文机关、事由和“通报”二字三部分构成，例如，《××市人民政府关于表彰2015年度全市重点项目工作先进单位的通报》。也有标题中不含发文机关的通报，如《关于给不顾个人安危勇于救人的××同志记功表彰的通报》。

（2）主送机关。表彰性通报的主送机关一般为直属下级机关。标题下空一行，左侧顶格标注。

（3）正文。表彰性通报的正文一般由开头、主体、结尾三部分组成。

正文开头主要是介绍先进事迹，说明通报缘由。要求重点突出、简要概述。

正文主体部分主要通过对先进事迹的客观分析，指出其所体现的精神、教育意义和表彰决定。

正文结尾部分主要是提出希望和要求，号召大家向先进学习。

有些表彰性通报还带有附件，一般在正文下空一行左空2字标注。

（4）落款。表彰性通报的落款写发文机关名称、发文日期，并加盖公章。一般情况下距正文最后一行空1~2行的右下方标注。

（二）批评性通报的写法

批评性通报一般由标题、主送机关、正文、落款构成。

（1）标题。批评性通报的标题通常由发文机关、事由和“通报”二字三部分构成，例如，《国务院办公厅关于对少数地方和单位违反国家规定集资问题的通报》。

（2）主送机关。批评性通报的主送机关一般为直属下级机关。标题下空一行，左侧顶格标注。

（3）正文。批评性通报的正文一般由介绍情况、分析原因、作出处理、提出要求四部分组成。

第一部分介绍情况主要是写清错误事实，要求语言简练、概括介绍。

第二部分分析原因是指分析错误产生的根源和责任，指出错误的性质及危害，并提出及时吸取主要教训等。

第三部分作出处理是指批评、处分的决定。

第四部分提出要求是指为教育有关人员和进一步改进工作而有针对性地提出的一些告诫事项。一般采用固定用语“希望有关部门和人员引以为戒”等。

（4）落款。批评性通报的落款写发文机关名称、发文日期，并加盖公章。

（三）情况通报的写法

情况通报一般由标题、主送机关、正文、落款构成。

（1）标题。情况通报的标题通常由发文机关、事由和“通报”二字三部分构成，例如，《关于2009年上半年全国建筑施工事故情况的通报》。

（2）主送机关。情况通报的主送机关一般为直属下级机关。标题下空一行，左侧顶格标注。

（3）正文。情况通报的正文主要包括两项内容，即通报有关情况、分析并作出结论。具体写法，有的是先摆情况，然后进行分析得出结论；有的是先通过简要分析作出结论，再列举情况来说明结论的正确性和针对性。

（4）落款。情况通报的落款写发文机关名称、发文日期，并加盖公章。

【例文 2-2】

国务院关于表扬全国“两基”工作先进地区的通报

国发〔2012〕47 号

各省、自治区、直辖市人民政府，国务院各部委、各直属机构：

在党中央、国务院正确领导下，经过各地区、各部门和全国人民的共同努力，2011 年我国全面实现九年义务教育，青壮年文盲率下降到 1.08%。这是我国教育改革发展的重大成就。在实施“两基”（基本普及九年义务教育、基本扫除青壮年文盲）巩固提高和“两基”攻坚过程中，各地党委政府认真贯彻落实教育法律法规和方针政策，坚持教育优先发展，突出“两基”重中之重地位，加强组织领导，广泛宣传动员，上下一心，扎实工作，许多地区作出了显著成绩，创造了丰富经验。为表扬先进，激励和动员全社会进一步重视、关心、支持教育事业，推动义务教育工作迈上新的台阶，国务院决定，对北京市顺义区等 80 个“两基”工作先进地区予以通报表扬。

希望受到表扬的先进地区再接再厉，开拓进取，改革创新，把本地区的义务教育提升到一个新水平，开创教育改革发展新局面。各地区要向受到表扬的先进地区学习，坚持以科学发展观统领教育事业全局，坚持把义务教育摆在重中之重的位置，深入贯彻落实《国家中长期教育改革和发展规划纲要（2010—2020 年）》，努力办好人民满意的教育，推动教育事业在新的历史起点上科学发展，为全面建设小康社会和中华民族伟大复兴作出新的更大贡献。

国务院

2012 年 9 月 5 日

第四节　请示和批复

一、请示

（一）请示的概念与适用范围

请示是下级机关向上级机关请求指示、批准时所使用的公文，是典型的上行公文。

请示适用的范围，主要有以下几个方面：

（1）文件中明确规定必须请示批准才能办理的事项。

（2）对国家有关方针、政策或上级机关的有关规定、决定不甚了解，在执行中遇到一定的困难或问题，需要上级机关明确解释和答复后才能办理的事项。

（3）工作中遇到新情况、新问题必须处理但又无章可循，需要上级机关明确指示才能办理的事项。

（4）因情况特殊，本机关职权范围内难以执行或解决，需要上级机关重新指示才能办理的事项。

（5）事关重大，为防止工作出现失误而需要请示上级审查的事项。

（6）因意见分歧，无法统一开展工作，有待于上级机关解决才能办理的事项。

（7）由于客观条件制约，工作中出现的一些涉及面广，而本机关无法独立解决的工作困难和问题，必须请示上级领导机关，求得协调和帮助的事项。

（二）请示的特点

（1）请求性。请示是下级机关向上级机关请求指示和批准的公文，因此，请求性是请示的本质属性。这一属性也决定了在撰写请示内容时，理由要充分合理，政策依据要准确得当，行文语气要诚恳，带有祈请性。

（2）期复性。请示的目的是请求上级批准，得到明确答复。一般下级机关都是在遇到比较重要的情况和问题需要解决时，才会向上级机关请示，并急切地期待回复，这一特点被称为“期复性”。

（3）超前性。请示必须在工作之前行文，等待上级批复后才可付诸实施，不可边干边请示，也不可先干后请示。

（4）单一性。与其他行政公文相比，请示更强调“一事一报”原则。一份请示只能就一项工作、一种情况、一个问题进行请示，不可在一份公文中就若干事项请求指示或批准。

（三）请示的种类

根据请示的内容和目的的不同，请示主要分为以下三种：

（1）请求批准的请示。这类请示主要是下级机关限于自己的权限，无权自己办理或决定的事项，需上级机关批准后才能办理。这种请示又有两种类型：

1）请求批准有关规定、方案、规划。

2）请求审批某些项目、指示。

（2）请求指示的请示。这类请示主要是下级机关在工作中遇到疑难问题、新问题、新情况，或对上级机关发布的方针、政策领会不准确，以及与友邻机关或协作单位在较重要问题上出现意见分歧，需请求上级机关给予解释、指示、裁决时使用的请示类型。

（3）请求批转的请示。这类请示用于涉及范围较广，具有一定的普遍意义的问题，或者较为重大、紧急的事项，不但需要上级批准，还需通过上级机关批转，发至有关单位贯彻执行。

（四）请示的写法

请示一般由标题、主送机关、正文和落款构成。

（1）标题。请示的标题一般由发文机关、事由和“请示”二字组成，有时发文机关可以省略，如《××区人民政府关于报废车辆的请示》、《关于丹霞山风景名胜区列为国家重点风景名胜区的请示》。需要注意的是，请示的标题中不能出现“申请”、“请求”之类的词语，也不能写成“请示报告”。

（2）主送机关。请示的主送机关是指负责受理和答复该文件的直属的上级机关。每件请示只能写一个主送机关，不能多头请示，也不能越级请示，不能直接送领导者个人。

（3）正文。请示的正文一般由缘由、事项和结语三部分组成。

请示的缘由包括请示的具体原因、目的和依据。这一部分是能否得到上级机关认可批准的关键，所以要写得具体明白，理由充分。

请示的事项即请求上级机关予以指示、批准、答复的具体事项，注意一文一事，明确具体。

请示的结语一般使用模式化的习惯用语，如“当否，请批复”、“妥否，请批复”、“以上请示，请予审批”等。注意结语要单独成段。

（4）落款。请示的落款主要由发文机关、印章和成文日期组成。

【例文 2-3】

关于申请购买办公设备的请示

市南区政府：

为适应现代化办公的需要，改善办公条件，提高工作效率，经区政府批准，我局办公地点由龙江路迁往武胜关路 21 号。因新换办公地址，需购买空调、办公桌椅、会议室桌椅、文件橱等价值约 21 万元，特恳请区领导予以解决。

以上请示当否，请批示。

×××局办公室

××××年××月××日

二、批复

（一）批复的概念

批复与请示是相对应、配合使用的一组文种。批复是适用于答复下级机关请求事项的一种文件，属于下行公文。

（二）批复的特点

（1）被动性。批复是以下级的请示为前提，专门用于答复下级机关请示事项的公文。对上级机关来说，批复是被动的发文，先有上报的请示，后有下发的批复，一来一往，被动行文，这一点与其他公文有所不同。

（2）针对性。批复要针对请示事项表明是否同意或是否可行的态度，批复事项必须针对请示内容来答复，不能答非所问，也不涉及请示以外的其他事项。因此批复的内容必须明确、简洁，以利于下级机关贯彻执行。

（3）权威性。批复表示的是上级机关的结论性意见，是上级对下级的指示，具有权威性。批复一经下发，下级机关必须认真贯彻执行，不得违背。批复的效用在这方面类似于命令、决定，带有很强的权威性。

（三）批复的种类

根据内容性质的不同，批复可分为审批性批复和指示性批复。

（1）审批性批复。审批性批复主要是针对下级机关请求批准的请示，经审核后作出的指示性答复，一般多是有关机构设置、人事安排、项目设立、资金划拨等事项的审批。

（2）指示性批复。指示性批复主要是针对方针、政策性问题进行答复，批复的内容在其管辖范围内具有普遍指导和规范作用。

（四）批复的写法

批复一般由标题、主送机关、正文和落款构成。

（1）标题。批复的标题比较复杂，构成形式比较多，有的标题还比较长。它通常有以下几种形式：

1）由发文机关、事由和“批复”二字构成，如《国务院关于同意设立科技活动周的批复》等。

2）由事由和“批复”二字构成，如《关于雁北煤校、晋东南煤校办学经费问题的批复》等。

3）由发文机关、请示标题和“批复”二字构成，如《××市人民政府对〈关于处理沿江路3号商业大厦失火事故的请示〉的批复》。

从上述三种标题可知，批复的标题，一种是用“关于”加上请示或批复的事项来表述；另一种是在“关于”之后插入表示态度的词语，如“同意”来表述。

（2）主送机关。批复的主送机关是报送请示的下级机关。主送机关一般只有一个，是报送请示的下级机关，其位置与一般的行政公文相同。

（3）正文。正文包括批复引语、批复意见和批复结语三部分。

批复引语是指批复的开头要先引请示标题，用为作为批复的依据，点出批复对象。一般称收到某文，或某文收悉。要写明是对于何时、何号、关于何事的请示的答复，时间和文号可省略也可以标出，发文字号应加圆括号，如"你省《关于……的请示》（××[20××]×号）收悉"。

批复意见是针对请示中提出的问题所作的答复和指示。对于同意的事项，意思要明确；对于不同意的事项，应说明理由；如果原则上同意，在表明态度之后，还可以提出补充或具体要求。

批复结语一般可以用批复的常用语"特此批复"、"批复"等结尾，独占一段。也可以略去上述常用语，对请示事项答复完毕后就结束。

（4）落款。批复的落款主要由发文机关、印章和成文日期组成。成文日期要将年、月、日标全并用阿拉伯数字。

【例文 2-4】

国务院关于全国水土保持规划（2015—2030 年）的批复

国函〔2015〕160 号

各省、自治区、直辖市人民政府，发展改革委、财政部、国土资源部、环境保护部、水利部、农业部、林业局：

水利部《关于报请审批〈全国水土保持规划（2015—2030 年）〉的请示》（水规计〔2015〕59 号）收悉。现批复如下：

一、原则同意《全国水土保持规划（2015—2030 年）》（以下简称《规划》），请认真组织实施。

二、《规划》实施要深入贯彻党的十八大和十八届二中、三中、四中全会精神，认真落实党中央、国务院关于生态文明建设的决策部署，树立尊重自然、顺应自然、保护自然的理念，坚持预防为主、保护优先，全面规划、因地制宜，注重自然恢复，突出综合治理，强化监督管理，创新体制机制，充分发挥水土保持的生态、经济和社会效益，实现水土资源可持续利用，为保护和改善生态环境、加快生态文明建设、推动经济社会持续健康发展提供重要支撑。

三、通过《规划》实施，到 2020 年，基本建成水土流失综合防治体系，全国新增水土流失治理面积 32 万平方公里，年均减少土壤流失量 8 亿吨；到 2030 年，建成水土流失综合防治体系，全国新增水土流失治理面积 94 万平方公里，年均减少土壤流失量15亿吨。

四、要以全国水土保持区划为基础，全面实施预防保护，重点加强江河源头区、重要水源地和水蚀风蚀交错区水土流失预防，充分发挥自然修复作用；以小流域为单元开展综合治理，加强重点区域、坡耕地和侵蚀沟水土流失治理。

五、要强化水土保持监督管理，完善水土保持监测体系，推进信息化建设，进一步提升科技水平，不断提高水土流失防治效果。将水土保持知识纳入国民教育体系，强化宣传引导，加强社会监督，增强全民水土保持意识，有效控制人为水土流失。

六、各省（区、市）人民政府要按照《规划》确定的目标任务，加强组织领导，落实责任分工，加大支持力度，完善政策措施，切实推进本区域水土保持工作。国务院有关部门和单位要根据职责分工，密切配合，在规划计划编制、政策实施、项目安排等方面予以积极支持。水利部要牵头做好《规划》的组织实施工作，加强跟踪监测、督促检查和考核评估，认真研究解决《规划》实施中出现的问题，工作进展情况每年向国务院报告。

国务院

2015年10月4日

第五节　报　　告

一、报告的概念

报告是向上级机关汇报工作、反映情况，回复上级机关询问时所使用的公文。它属于上行公文，用来向上级机关反映本部门、本单位贯彻各项方针、政策、指示的情况，也可以用来反映实际工作中遇到的问题。

二、报告的特点

（1）总结汇报性。报告是下级机关对已经做过的工作或者已经发生的情况进行全面或者阶段性的总结，也是下级机关向上级机关或业务主管部门汇报工作，让上级机关掌握基本情况并及时对自己的工作进行指导的公文，所以，总结汇报性是报告的一个大特点。

（2）概括陈述性。因为报告具有汇报性，所以行文上一般都以叙述和说明为主，使用陈述的表达方式，而且要进行概括性的叙述和说明，不能详述事件或工作的过程，更不能描述大量的细节。

（3）客观真实性。报告所反映的情况，必须是在实际工作中遇到的情况或问题。答复上级机关的询问也只能依据本单位的实际情况，实事求是，不能弄虚作假。

(4) 双向沟通性。报告虽不需批复，却是下级机关以此取得上级机关的支持、指导的桥梁；同时上级机关也能通过报告获得信息，了解下情，从这个角度看，报告成为上级机关决策指导和协调工作的依据。

三、报告的种类

根据报告的内容，报告可分为以下四类：

(1) 工作报告。工作报告是下级机关向上级机关汇报工作情况的报告，以便于上级机关掌握工作的进展情况。

(2) 情况报告。情况报告是下级机关向上级机关反映情况、重大问题等的报告，包括本地区、本单位发生的重大事件，以及一些带有倾向性的问题。

(3) 建议报告。建议报告是下级机关向上级机关提出工作建议或措施的报告。

(4) 答复报告。答复报告是下级机关答复上级询问或查询事项的报告。下级机关要根据上级机关提出的询问或要求，经过调查研究后作出陈述情况或回答问题的报告。

四、报告的写法

报告一般由标题、主送机关、正文和落款等部分组成。

(1) 标题。报告的标题一般有两种写法：一种是由发文机关、事由和“报告”二字构成，其中事由用介词“关于”引出，如《××公司关于报送××××年工作总结的报告》；另外一种是由事由和“报告”二字构成，如《关于社区保障医疗网点建设情况的报告》。

(2) 主送机关。报告的主送机关一般只有一个，即接受报告的上级机关。报告不能送个人，也不能越级，如需其他相关的上级机关阅知，可以抄送。

(3) 正文。报告的正文一般由报告缘由、报告事项和报告结语三部分构成。

1) 报告缘由。报告的缘由是报告的开头部分，要以简明扼要的语言，写明报告的原因、依据和目的，并用“现将主要情况（工作）报告如下”、“现报告如下”等过渡语承启下文。

2) 报告事项。报告的事项是报告的核心部分，要具体写出报告的基本内容，包括报告存在的问题、得出的经验教训以及解决问题的建议，或者报告各方面工作的进展和取得的成绩，今后工作的安排或将采取的措施等。不同类型的报告侧重点不同，具体问题应具体分析。

3) 报告结语。报告的结语一般要另起一行，常用一些惯用语来结束全文，如“以上报告，请审阅”、“特此报告”、“专此报告”等。

（4）落款。报告的落款由发文机关、印章和成文日期组成。若是会议上作的报告，一般在标题下标明会议名称、时间和报告人的姓名，无需再在文后落款署时。

【例文 2-5】

全国人民代表大会常务委员会执法检查组关于检查《中华人民共和国旅游法》实施情况的报告

——2014 年 12 月 22 日在第十二届全国人民代表大会常务委员会第十二次会议上

全国人大常委会副委员长　张　平

全国人民代表大会常务委员会：

旅游法是本届全国人大常委会审议通过的第一部法律，自 2013 年 10 月 1 日起施行。全国人大常委会高度重视旅游法实施工作，在实施一周年之际，组织开展执法检查。(略)

下面，我受检查组委托，报告有关情况。

一、实施情况

随着我国经济社会全面发展，旅游已成为城乡居民生活消费的重要内容，旅游法的及时出台为政府依法监管、企业守法经营、游客文明旅游和保护合法权益提供了法律保障。旅游法颁布实施以来，各级党委、人大、政府高度重视，旅游及相关部门认真组织实施，旅游经营者及从业人员努力贯彻落实，做了大量工作。

（一）认真开展旅游法宣传培训。(略)

（二）建立健全旅游管理体制机制。(略)

（三）持续加大旅游市场执法力度。(略)

（四）注重旅游资源保护和可持续利用。(略)

（五）加快完善旅游公共服务体系。(略)

执法检查情况表明，旅游法颁布实施十分及时，开局良好，取得了初步成效。一是旅游市场秩序有所好转。旅游经营者和旅游者的法律意识增强，无序低价竞争等市场顽疾得到一定程度的遏制。(略)

二、主要问题

(略)

三、意见和建议

（略）

当前，我国旅游业正处于黄金发展期，在稳增长、转方式、调结构、促就业、惠民生等方面发挥着越来越重要的作用。旅游法是旅游市场秩序的规范法，是旅游者和旅游经营者权益的保护法，是旅游业健康发展的促进法。各级政府、各相关部门要深入贯彻党的十八大和十八届三中、四中全会精神，进一步加大旅游法的宣传普及和贯彻实施力度，依法治旅，依法兴旅，推进旅游市场改革开放，促进旅游业持续健康发展。

以上报告，请审议。

思考与练习

2-1　简述通知的适用范围、特点和写作注意事项。

2-2　请以学校某一优秀学生的典型事迹为例，写一份表彰通报。

2-3　请示的适用范围是什么？怎样写请示？

2-4　撰写报告有哪些注意事项？

第三章　事务文书

第一节　计　划

一、计划的概念

人们在一定的时期内，为了实现某项目标或更好地完成某项任务而预先做出安排和打算，并形成书面材料，这就是计划。

计划是计划类文书的统称。常见的规划、要点、意见、设想、打算、安排、方案等都属于计划，它们只是由于时间、内容等方面的不同而使用不同的名称。大体上说，“规划”是较长期的、具有全面性的、工作目标大轮廓式的计划；“要点”、“意见”是上级部门布置一定时期工作的主要任务，交代政策，提出原则和总体要求的计划；“设想”、“打算”是初步的、内容较粗略的草案性的计划；“安排”、“方案”是短期内，对任务、要求、措施、办法具体布置的计划。

二、计划的特点

（1）目的性。计划具有明确的目的性。它是为了达到某种目标、完成某项任务而制定的。

（2）预见性。计划是对未来工作的设想与筹划。它要求计划的制定者必须用科学的态度与方法对可能出现的各方面情况进行合理预测，对可能出现的问题、可能遇到的困难提前进行安排，以使计划更适合将来的发展情况。

（3）可行性。计划是要付诸实践的，它不仅要求目标明确，而且还要求目标适中，既能发挥计划的激励与指导作用，又能调动执行者的积极性。一个可能的计划，不仅要措施具体，还要便于监督检查。

（4）指导性。计划具有控制与约束作用。一方面，制定者通过计划掌控工作的发展方向，实施对计划执行者的监督；另一方面，对于执行者来说，计划为其勾勒了发展蓝图，指明了工作目标，使工作有序开展，避免了盲目性。

（5）时限性。计划只在一个特定的时间期限内有效，无论是制定还是执行，如果没有时间限制，就会失去制定计划的意义。

三、计划的种类

（一）按性质分

（1）工作计划。工作计划是指机关、团体、企事业单位或个人对一定时期的工作预先做出打算和安排。

（2）学习计划。学习计划是指单位或个人为进行学习而制定的计划，例如政治理论学习计划、业务学习计划等。

（3）文体计划。文体计划是指单位或个人为开展或进行文化娱乐和体育等活动而制定的计划。

（4）生产计划。生产计划是指工矿企业、农村等为进行生产而制定的计划，例如产品产量计划、产品质量计划、产品品种计划、成本计划等。

（二）按范围分

（1）个人计划。个人计划包括个人学习计划、个人工作计划等。

（2）单位计划。单位计划包括各个方面，如政治思想工作、生产业务工作、生活福利工作等。

（三）按时间分

（1）年度计划。年度计划是反映整个年内要做的事情的计划。

（2）季度计划。季度计划是反映一个季度内要做的事情的计划。

（3）月度计划。月度计划是反映一个月内要做的事情的计划。

（4）短期计划。短期计划是指上述年度计划、季度计划、月度计划等。

（5）长期规划。凡三年以上的计划都称为长期规划。

四、计划的作用

（1）指导作用。计划指导人们按既定的方向和目标努力奋斗，可以增强自觉性，减少盲目性，少走弯路。

（2）推动作用。人们有了计划做事就能胸有成竹，明白事情的轻重缓急，懂得做什么、什么时候做、怎样做、做到什么程度，懂得如何趋利避害，防止发生慌乱现象，增强主动性和有序性，提高工作、生产、经营和学习的效率。

（3）监督保证作用。计划规定了完成任务的具体目标、要求、时间进度等约束条款，可以作为检查、评比的尺度，有利于实行标准化、正规化管理，有利于督促、检查与指导，也利于考核评比，总结提高。

五、计划的写法

（一）计划的写作要求

（1）服从大局，统筹兼顾。制定计划要下级服从上级，局部服从全局，把自己的小计划融合到大计划里。此外还要处理好当前与长远、局部与整体的关系。

（2）实事求是，从实际出发。制定计划一定要从本单位、本人的实际出发，既要尽力而为，又要量力而行；即不应盲目，又不应保守；目标不能订得过高或过低。

（3）突出重点，主次分明。一段时间内所要完成的事情很多，先做什么，后做什么，主要做什么，次要做什么，必须有重有轻，有先有后，有条不紊，这样才有利于工作的全面展开，达到事半功倍的效果。

（4）目标明确，步骤具体。计划是要执行的，其写得越具体明确，操作性就越强。一定要把目标、措施、要求写得清清楚楚，以便落实和监督检查。

（二）计划的写作结构

计划一般由标题、正文和落款三部分组成。

1. 标题

常见的计划标题有以下几种。

（1）完整式标题。完整式标题由计划单位名称、时限、内容和文种四要素组成，如《××大学 2016 年教学工作计划》。

（2）省略式标题。这类标题可以省略单位名称或时限，但不能省略内容和文种。它又有以下三种：

1）由计划时限、内容和文种构成，如《2017 年信贷计划》。

2）由单位名称、内容和文种构成，如《××集团公司员工培训工作安排》。

3）由计划内容和文种构成，如《业绩考核计划》。

（3）公文式标题。公文式标题由单位名称、（关于……的）事由和文种构成，如《××局关于治理环境污染的实施方案》。如果是个人计划，姓名不必写在标题内。如果计划尚不成熟或仅供讨论，则要在标题后面或下一行用圆括号注明“草案”、“初稿”或“讨论稿”、“征求意见稿”等字样。

2. 正文

计划的正文一般由前言、主体和结尾三部分组成。

（1）前言。这是计划的开头部分。通常用简明扼要的文字概述制定计划的指导思想、依据、目的、意义及有关的背景情况等，即说明“为什么制定计划”和“为什么要这样制定计划”。常用“为此，制定如下计划”之类的过渡句引出主题内容。

（2）主体。正文主体包括目标、措施和要求“三要素”内容。

目标即“做什么”，要求提出明确的目标，也就是先写出一定时间内要完成的工作总体目标和基本任务，然后具体写出任务的数量、质量指标。

措施即“怎么做”，要求具体说明开展工作的步骤（如工作程序、时间安排、相关要求等）和自己确保目标实现拟采取的办法，这是实现目标和完成任务的具体手段，是计划是否具有可操作性的关键所在。

要求即“如何做完”，主要是质量、数量、时间上的要求，如果属于个人计划，即是对自己的要求。这是计划效益指标的具体设想，能否多快好省，就要在“要求”这一项里加以具体设计。

（3）结尾。结尾要简短有力。结尾可以表示决心，或提出希望和发出号召，也可以展望计划实施的前景，还可以补充说明一些注意事项。有的计划主体内容表述完毕就结束全文，因此，写不写结尾，要根据内容表述的需要确定。

3. *落款*

计划的落款包括署名和日期两个项目。

署名写上制订计划的单位名称、个人姓名。如以单位名义拟订的计划，标题中已标明单位名称的，这里可以不写；如以个人名义拟订的计划，标题中已标明单位名称，这里直接写个人姓名，标题没有标明单位名称的，这里要同时写上单位名称和个人姓名。日期写计划通过或批准的年、月、日。有附件的计划，附件名称应注于正文之后，署名的左上方。

【例文 3-1】

××鉴定所 2016 年重点工作计划

一、建立学历教育与职业资格教育融通机制，促进应用型人才培养

2016 年以教务处为主导，协助各学院建立学历教育和职业资格教育融通运行机制，鼓励相关学院将职业资格（技能）要求融入到人才培养课程体系中，使专业课程设置涵盖职业资格标准，满足学生考取职业资格证书要求；支持相关专业在各类实训环节中开设国家职业资格（技能）实训内容，以此培养适应地方经济社会发展的应用型人才。

二、加强考评人员队伍建设，提高培训鉴定质量

1. 提高考评员的责任感、服务意识和原则性

加强考评员对“服务地方经济建设，助推学校转型发展”重要性的认识，增强服务意识，提高鉴定工作的责任感。不断增强考评员公平、公正的意识，高标准、严要求保证培训和鉴定质量。

2. 择优聘任上岗

积极引入竞争机制，明确聘任原则、方法及聘任程序，使聘任机制有章可循。根据鉴定所运行情况，有计划遴选和培养考评员，并对已取得资格的考

评员实行择优聘任。签订聘任合同，明确双方的职责、权利和义务。力争2016年，鉴定所考评员数量达到40人，以满足鉴定所日益增长的培训认证工作。

3. 加强业务培训

为优化考评员队伍结构，提高考评员队伍整体素质，增强考评员的业务水平和服务水平，2016年对考评员定期开展业务培训工作。要求所内考评员在年内至少参加3次省、市或所内培训活动，以此提高培训的服务水平和鉴定质量。

三、开展全方面、多层次合作，履行社会责任

1. 与政府、行业协会加强合作

2016年积极与省、市区人社部门沟通，及时了解新政策，争取合作开展新项目。密切联系各行业协会，特别是制造业和服务业，合作开展职业资格（技能）培训和认证鉴定工作；与省军队转业干部培训中心合作，开展军转士兵职业技能培训工作；协助省职业培训工作领导小组办公室，开展职业技能培训项目。

上述与政府、行业协会开展合作，力争2016年为地方培训300名中、高级职业资格（技能）人员。

2. 与企业开展职业资格（技能）合作项目

针对地方社会需求，2016年鉴定所主动与相关企业联系，开展各类如企业上岗培训、各类工种短期培训以及各类执证上岗培训、考评工作。与市内大中型制造加工企业合作，开展制造加工方面的职业资格（技能）鉴定及培训工作；与各大汽车售后企业合作，开展汽车维护等职业资格（技能）培训考核工作；与沈阳各大餐饮酒店合作，开展餐饮服务类职业资格（技能）培训考核工作。

上述与企业开展合作，力争2016年为企业培训400~500名中、高级职业资格（技能）人员。

3. 与校内各社会服务机构加强合作

在校内联合沈阳市心理研究所、继续教育学院（女子学院）、教育学院（社区学院）等社会服务机构，利用上述机构服务社会的功能和条件，充分发挥校内实训中心和实训基地的资源优势，开展职业资格（技能）鉴定和技能培训工作，进一步拓展和增强鉴定所服务社会功能。

上述与校内社会服务机构合作，力争2016年为地方培训200名中、高级职业资格（技能）人员。

四、推进“××大学职业能力（技能）体系”建设，助推学校转型发展

继续完善“××大学职业能力（技能）建设体系”，有计划、有步骤协助相关学院共同开展职业资格（技能）培训考核工作。2016 年计划在校内 5 个理工科学院开展职业资格（技能）认证推广工作，力争中高级职业资格（技能）认证人数 300 人。

第二节 总　结

一、总结的概念

总结是国家机关、企事业单位、社会团体及个人对某一时期的工作，或是对某一项工作进行系统的回顾、归纳、分析研究，得出经验教训和一些规律性认识，用以指导今后工作的一种工作文书。

总结是使用广泛的一种应用文，日常使用的小结、体会、回顾都属于总结。通过总结，可以全面系统地回顾过去一段时间实践活动的好坏，在分析研究事实材料的基础上，从中获得经验，汲取教训，以指导下一阶段的工作。总结虽然不具有公文的约束力，但对于工作开展至关重要。它可以使人养成理论联系实际的作风，学会观察事物和分析问题，提高思想认识和业务工作能力，自觉贯彻执行党和国家的方针政策，有助于提高人们对工作的理性认识，增强工作的信心，调动工作的积极性。

二、总结的特点

（1）客观性。总结是对以往工作或活动的客观反思与回顾，写总结的过程就是对实践活动的思考与再认识的过程，它应以回顾实际情况为主要内容，不允许虚构和编造。能否在总结中如实呈现以往工作的实际情况，将直接影响日后工作的开展。因此，在总结回顾过去工作时，要坚持实事求是，用事实说话，要客观全面，不能只谈优点成绩、不谈缺点问题。

（2）说理性。总结不只是对自身工作实践活动的简单陈述，也不只是对已做的工作过程和情况的表面反映，它是对工作实践活动的本质概括，要在回顾工作实践全过程的基础上，进行研究分析，找出规律性的东西，从感性认识上升到理性认识，用以指导今后的工作。这正是总结的价值所在。

（3）概括性。总结不只着眼于对实践活动情况与过程的复述，还要从现象中探求事物发展变化的必然性。在总结的写作过程中，通过对事实的叙述，从复杂纷纭的现象中，分析概括出事物存在和变化的规律。

（4）理论性。总结是对以往实践活动的理性认知，是在对前一阶段工作的回顾、检查的基础上，进行分析、研究、评价、鉴定，并上升到理性高度，得出规律性结论。因此，总结既要有材料，又要有观点；既要有事实，又要有理论。

三、总结的种类

根据内容的不同，总结可以分为工作总结、生产总结、学习总结、教学总结、会议总结等。

根据范围的不同，总结可以分为全国性总结、地区性总结、部门性总结、本单位总结、班组总结、个人总结等。

根据时间的不同，总结可以分为月总结、季总结、年度总结、阶段性总结、三年以上总结等。

根据功能的不同，总结可以分为汇报性总结、交流性总结等。

根据性质的不同，总结可以分为全面总结和专题总结两类。

四、总结的作用

总结在实际工作中的作用有以下三个方面：

（1）可以总结经验，评估得失，把握规律。总结是人们认识世界的重要手段，是感性认识上升到理性认识的必经之路。通过总结，零星的、肤浅的、表面的感性认识上升到全面的、系统的、本质的理性认识，寻找出工作和事物发展的规律，从而掌握并运用这些规律。同时，要写好总结，必须从以往的工作实际出发，因此总结有助于养成调查研究之风。

（2）可以交流情况，共同提高。写好工作总结，须勤于思考，善于总结。这样可以提高领导的管理水平，培养出更多理论与实践相结合，具有实践工作能力的干部。总结中，各个部门间可以交流各自的工作情况，对工作中的失误有正确的认识，勇于承认错误，可以形成批评与自我批评的良好作风，同时可以互相借鉴，共同提高。

（3）积累史料，形成档案，以备查询。工作总结是对一定时期内的工作加以总结、分析和研究，肯定成绩，找出问题，得出客观公正的经验教训，摸索事物的发展规律，用于指导下一阶段的工作。它所要解决和回答的中心问题，不是某一时期要做什么、如何去做、做到什么程度的问题，而是对某项工作实施结果的总鉴定和总结论，是对以往工作实践的一种理性客观认识。工作总结的内容是客观的、翔实的这一特点，决定了总结具有一定的档案功能。

五、总结的写法

（一）总结的写作要求

总结的写作要求是：材料充分，实事求是；突出重点，切忌平淡；叙议得当，结构严谨；写出特色，切忌平庸。

写好工作总结是非常重要的，但也要非常困难的。困难主要表现在两方面：

一是总（过去的工作），二是结（工作的经验、教训、规律）。要正确处理好两者关系：总是结的依据，结是总的概括。

（二）总结的写作结构

总结一般由标题、正文和尾部三部分组成。

1. 标题

总结的标题大体上有两类构成形式：一类是公文式标题；一类是非公文式标题。

公文式标题由单位名称、时间、事由、文种组成，如《××集团公司2015年度思想政治工作总结》、《××县2016年普法工作总结》，有的只写《工作总结》等。

非公文式标题则比较灵活，有的为双行标题，如《增强体质，全面贯彻执行教育方针——开展多种形式的体育活动》，有的为单行标题，如《推动人才交流，培植人才资源》等。

2. 正文

总结的正文由前言、主体、结尾组成。

（1）前言。前言即正文的开头，一般简明扼要地概述基本情况、交代背景、点明主旨或说明成绩，为主体内容的展开做必要的铺垫。它一般有两种写法。

1）概述式。即简要介绍与所总结经验有关的基本情况，如工作背景、起因或根据。

2）对比式。通过具体数据或概括性的语言说明成效，以引出下文。例如："'群众富不富，关键在支部；干部强不强，关键在班长'。选配好支部'一把手'，是加强农村基层党组织建设的核心。在工作中，我们积极围绕支部班子建设这个重点，紧紧抓住配好支部书记这个关键，着力走好'选人'、'育人'、'用人'这三步棋，努力把工作引向深入。"

（2）主体。这是总结的核心部分，其内容包括做法和体会、成绩和问题、经验和教训等。这一部分要求在全面回顾工作情况的基础上，深刻、透彻地分析取得成绩的原因、条件、做法以及存在问题的根源和教训，揭示工作中带有规律性的东西。回顾要全面，分析要透彻。不同类型的总结，内容有所侧重。全面性总结，其主体包括两个层次，即成绩和经验、存在的问题和教训。一般的工作总结，其主体的重点放在成绩和经验上。总结正文的结构，主要采用逻辑结构形式。全面性总结根据过去一段工作中的成绩和问题，或者经验和教训的内在联系去组织材料。专题性总结以经验为轴心去组织材料。

（3）结尾。结尾可以概述全文，可以说明好经验带来的效果，也可以提出今后努力方向或改进意见。今后努力的方向要与主体部分紧密联系，一般是粗线条地提出来，不能写成工作计划。有时工作中存在的问题较少或不宜展开叙写，也可放在结尾提出，再从存在问题中自然引出今后努力的方向。结尾应简短有力，常见有以下几种写法。

1）自然式。即正文主体内容结束后，意尽言止，不另写结尾。

2）总括式。结尾对总结进行概括，或做出结论。

3）谦虚式。结尾表示谦虚的态度。经验性的总结常用这种结尾。

4）展望式。结尾表示决心，展望未来，满怀信心，团结一致，争取更大的成绩。大会总结常用这种结尾。

3. 尾部

尾部包括署名和时间两项内容。如果标题中已有署名、行文中已有时间，这里可不再写。

（三）撰写总结应注意的问题

(1) 要有实事求是的态度。工作总结中，常常容易出现两种倾向：一种是好大喜功，搞浮夸，只讲成绩，不谈问题；另一种是将总结写成了“检讨书”，把工作说成一无是处。这两种都不是实事求是的态度。总结的特点之一“回顾的理论性”，就是要正确如实地、一分为二地分析和评价自己的工作，对成绩不要夸大，对问题不要轻描淡写。

(2) 总结前要充分占有材料。最好通过不同的形式，听取各方面的意见，了解有关情况，或者把总结的想法、意图提出来，同各方面的干部、群众商量。一定要避免领导出观点、到群众中找事实的写法。材料有本质的，也有现象的；有重要的，也有次要的，写作时要去粕存精。总结中的问题要有主次、详略之分，该详的要详，该略的要略。

(3) 总结要写得有理论价值。一方面，要抓主要矛盾，无论是谈成绩还是谈存在问题，都不需要面面俱到。另一方面，对主要矛盾要进行深入细致地分析，谈成绩要写清怎么做的，为什么这样做，效果如何，经验是什么；谈存在问题，要写清是什么问题，为什么会出现这种问题，其性质是什么，教训是什么。这样总结才能对前一段的工作有所反思，并由感性认识上升到理性认识。

(4) 总结要用第一人称，即要从本单位、本部门的角度来撰写。表达方式以叙述、议论为主，说明为辅，可以夹叙夹议。总结的具体写作，可先议论，然后由专人写出初稿，再行讨论、修改。最好由主要负责人执笔，或亲自主持讨论、起草、修改。

【例文 3-2】

××大学国家职业技能鉴定所工作总结

××大学国家职业技能鉴定所为我校培养应用型人才，提升学生动手能力、就业能力和综合素质，服务地方经济建设，促进学校转型发展奠定了坚实基础，现将

2015 年工作总结如下。

一、组建工作机构，加强制度建设

（1）组建工作机构。机构包括鉴定所正副所长各一名，下设三个部门，即综合管理部、考务部、质量管理部。设有 3 个校内鉴定基地（分设在应用技术学院、机械学院和信息学院），27 名考评员。鉴定所依托上述校内基地开展 8 个通用工种、3 个新职业培训。

（2）完善制度建设。为了规范鉴定考核制度，完善鉴定管理工作，加强考评组织实施，鉴定所制定了《职业技能鉴定考核管理流程》、《职业技能鉴定理论考试组织实施规定》、《职业技能鉴定考评员管理办法》、《档案管理制度》等 24 项管理制度，通过制度构建约束机制，实现鉴定所各项工作规范有序运行。

（3）加强网络信息服务平台建设。为加强对外宣传鉴定所服务社会的功能，2015 年鉴定所开设了“××大学国家职业技能鉴定网站”，网站与国家、省市职业鉴定中心的网站链接，方便考生了解有关职业技能鉴定的最新动态，鉴定所也能将职业技能培训信息、通知及时有效地传达给考生。“××大学国家职业技能鉴定网站”的建立为我校服务地方经济建设，助推学校转型发展搭建了重要的信息服务平台。

二、开展质量管理体系建设工作，完成国家验收

2015 年 12 月，××省人力资源和社会保障厅完成了对我所质量管理体系建设工作进行验收，鉴定所从以下几个方面开展验收工作。

（1）编制质量管理体系文件。按照《××省职业技能鉴定所（站）质量管理体系建设验收标准》和国家相关要求，鉴定所制定了“××大学国家职业技能鉴定所质量管理体系文件”，文件包括“质量手册”、14 个“程序文件”、24 项“作业指导书”。

（2）开展质量管理体系试运行。在试运行过程中，鉴定所严格进行标准化运行，通过运行，进一步完善质量管理体系，认真研究、分析试运行期间出现的情况和问题，修改和完善质量管理体系流程及相关制度文件，做好内部审核和管理评审，使质量管理体系完全融入到鉴定工作的各个环节，实现质量管理体系运行系统化、规范化和完善化。在质量管理体系试运行期间，共完成 308 人次培训鉴定工作，其中 277 人获得中高级职业资格证书，通过率为 90%，试运行效果良好，确保了鉴定所质量管理体系今年年底顺利通过国家验收。

（3）培训相关人员。按质量管理体系文件要求，鉴定所对管理人员、考评人员、监考人员、设备管理人员等相关工作人员开展培训工作，做到相关人员熟悉

质量管理体系和鉴定流程，认真按照质量管理体系要求进行资格鉴定，确保鉴定质量。

三、构建以职业能力为导向的开放型课程体系，提高学生职业能力

为更好促进应用型人才培养，鉴定所会同应用技术学院面向全院学生开展职业能力培养。首先结合学院应用技术型人才培养特点，将学历教育和职业技能教育紧密结合，提出毕业证和职业资格证“双证”人才培养模式。其次，建立以职业（资格）技能鉴定标准为导向的开放型课程体系，将职业资格（技能）标准的各项要求融入专业课程设置中。探索建立学生获取职业资格（技能）证书抵顶相应学分制度，以此促进学生考取职业资格（技能）证书，提高学生职业能力。

四、加强考评员队伍建设，拓宽考评鉴定种类

为加强考评员队伍建设，鉴定所充分利用校内外资源，聘请有丰富教学经验和较高职业技能水平的教师和专家充实到考评员队伍中。定期选派教师参加各类职业资格（技能）培训，鼓励教师考取职业资格（技能）证书和考评员资格，目前已有27余名教师获得了职业资格（技能）证书和考评员资格。此外，鉴定所正积极同省职业技能鉴定中心申请，拓宽职业资格（技能）考评鉴定种类，扩大中高级职业资格（技能）鉴定比例。

五、建立“××大学职业能力（技能）建设体系”，助推学校转型发展

为助推学校转型发展，鉴定所已初步建立“××大学职业能力（技能）建设体系”。该体系将我校15个学院的64个专业与国家职业资格（技能）认证一一对应。按照该体系，鉴定所已在应用技术学院、机械学院相关专业开展职业技能培训及职业资格认证试点工作，其中应用技术学院每年有320人，近56%的毕业生考取职业资格（技能）证，应用技能型人才培养效果显著。

第三节 规章制度

一、规章制度的概念

规章制度是国家机关、社会团体、企事业单位，为了维护正常的工作、劳动、学习、生活的秩序，保证国家各项政策的顺利执行和各项工作的正常开展，依照法律、法令、政策而制定的具有法规性或指导性与约束力的应用文，是各种行政法规、章程、制度、公约的总称。

二、规章制度的特点

(1) 约束性。规章制度明确规定了应该做什么，不应该做什么。它是人们的行为准则，一经生效，有关单位或个人就必须严格遵守或遵照执行。如果违反有关条款，就要受到相应的处罚。

(2) 权威性。规章制度的权威性来源于机关单位的权威性。规章制度的作者是法定的，即依法能以自己的名义行使权利与承担义务的组织。规章制度是这些法定作者根据自己的职责和权限制订，是本级机关权力意志的反映。

(3) 稳定性。规章制度既然是人们的行为准则，就不宜经常变动和修改，应具有相对稳定性。因此，不能将脱离实际的条文，属于临时性的、个别性的问题，暂还没有条件实行的问题引入规章制度。但这并不是说规章制度是一成不变的，在条件成熟的时候或环境发生变化的时候，我们应及时修改并完善规章制度。

(4) 广泛性。规章制度涉及的对象非常广泛。它关系到国家机关、社会团体、企事业单位、集体、个人，上至国家最高领导机关、管理部门，下至基层单位、科室班组都使用规章制度。

三、规章制度的种类

规章制度包括行政法规、章程、制度、公约四大类。不同的类别，反映不同的需要，适用于不同的范围，起着不同的作用。

(一) 行政法规类

(1) 条例。条例是具有法律性质的文件，是对有关法律、法令作辅助性、阐释性的说明和规定；是对国家或某一地区政治、经济、科技等领域的某些重大事项的管理和处置作出比较全面、系统的规定；是对某机关、组织的机构设置、组织办法、人员配备、任务职权、工作原则、工作秩序和法律责任作出的规定或对某类专门人员的任务、职责、义务权利、奖惩作出系统的规定如《失业保险条例》、《中华人民共和国人民币管理条例》。条例的制发者是国家最高权力机关、最高行政机关（国务院各部委和地方人民政府制定的规章不得称“条例”）。

(2) 规定。规定是为贯彻实施有关法律、法令和条例，根据其规定和授权，对有关工作或事项作出局部的、具体的规定；是法律、政策、方针的具体化形式，是处理问题的法则；主要用于明确提出对国家或某一地区的政治经济和社会发展的某一方面或某些重大事故的管理或限制，如《关于制止低价倾销工业品的不正当价格行为的规定》、《关于出版物上数字用法的试行规定》。规定重在强制约束性。它的制发者是国务院各部委、各级人民政府及所属机构。

(3) 办法。办法是对有关法令、条例、规章提出具体可行的实施措施；是对国家或某一地区政治、经济和社会发展的有关工作、有关事项的具体办理、实施提出切实可行的措施，如《学校班主任工作考核办法》、《辽宁省普及九年制义务教育实施办法》。办法重在可操作性。它的制发者是国务院各部委、各级人民政府及所属机构。

(4) 细则。细则是为实施条例、规定、办法作出的详细、具体或补充的规定，对贯彻方针、政策起具体说明和指导的作用，如《〈对外汉语教师资格审定办法〉实施细则》、《审批个人外汇申请施行细则》。细则的制发者是国务院各部委、各级人民政府及所属机关。

(二) 章程类

章程是政党或社会团体用以说明该组织的宗旨、性质、组织原则、机构设置、职责范围等的纲领性文件，具有准则性与约束性的作用，如《中国共产党章程》、《中国写作学会章程》。章程的制发者是政党或社会团体。

(三) 制度类

(1) 制度。制度是有关单位和部门制定的要求所属人员共同遵守的准则，是机关单位对某项具体工作、具体事项制定的必须遵守的行为规范，如《安全生产制度》、《××地区环保局廉政制度》。制度的制发者是机关团体、企事业单位及其部门。

(2) 规则。规则是机关单位为维护劳动纪律和公共利益而制定的，要求大家遵守的关于工作原则、方法和手续等的条规，如《全国安全生产委员会专家组工作规则》、《南方工业学校图书馆借书规则》。规则的制发者是机关团体、企事业单位及其部门。

(3) 规程。规程是生产单位或科研机构，为了保证质量，使工作、试验、生产按程序进行而制定的一些具体规定，如《车间操作规程》、《计算机操作规程》。规程的制发者是机关团体、企事业单位及其部门。

(4) 守则。守则是机关团体、企事业单位要求其成员遵守的行为准则，它倡导有关人员遵守一定的行为、品德规范，如《全国职工守则》、《汽车驾驶员守则》、《高等学校学生守则》。守则的制发者是机关团体、企事业单位及其部门。

(5) 须知。须知是有关单位、部门为了维护正常秩序，搞好某项具体活动，完成某项工作而制定的具有指导性、规定性的守则，如《观众须知》、《参加演讲赛须知》。须知的制发者是有关单位、部门。

（四）公约类

公约是人民群众或社会团体经协商决议而制定出的共同遵守的准则。它是人们为了维护公共秩序，经集体讨论，把约定要做到的事情或不应做的事情，应该宣传的事情或必须反对的事情明确写成条文，作为共同遵守的事项，如《居民文明公约》、《北京市各界人民拥军优属公约》。公约的制发者是人民群众、社会团体。

四、规章制度的作用

规章制度的使用范围极其广泛，大至国家机关、社会团体、各行业、各系统，小至单位、部门、班组。它是国家法律、法令、政策的具体化，是人们行动的准则和依据，因此，规章制度对社会经济、科学技术、文化教育事业的发展，对社会公共秩序的维护，有着十分重要的作用。

五、规章制度的写法

（一）行政法规的写法

1. 标题

行政法规的标题由制定机关、事由和文种组成，如《国务院关于国有企业贯彻国民经济调整方针的若干规定》。

2. 正文

开头部分写明依据、目的、意义、指导思想、适用原则等说明性文字。如："为制止低价倾销工业品的不正当价格行为，维护公平、公开、合法的市场竞争和正常的价格秩序，维护国家利益，保护经营者和消费者的合法权益，根据《中华人民共和国价格法》及国家其他有关法律，制定本规定。"

主体部分写明法规的具体条款，内容复杂的可分章节，简单的可直接分条列项书写。

结尾部分说明实施日期、执行权、解释权及其他未尽事宜的解决办法。如《中华人民共和国国家货币出入境管理办法》："第七条，本办法由中国人民银行负责解释。第八条，本办法自 1993 年 3 月 1 日起施行。1951 年 3 月 6 日中华人民政府政务院公布的《中华人民共和国禁止用国家货币出入国境办法》同时废止。"

（二）章程的写法

1. 标题

章程的标题一般由制订单位、文种组成，如《中国共产党章程》。

2. 正文

开头部分，即总则，写明制定章程的目的、组织的性质和宗旨等。

主体部分，即分则，写明章程的具体内容。如《中国共产党章程》分十一个部分：第一章，党员；第二章，党的组织制度；第三章，党的中央组织；第四章，党的地方组织；第五章，党的基层组织；第六章，党的干部；第七章，党的纪律；第八章，党的纪律检查机关；第九章，党组；第十章，党和共产主义共青团的关系；第十一章，党徽党旗。

结尾部分，即附则，写明需要说明的有关问题，如文件的实施日期、适用范围、制定权、解释权限等。

（三）制度的写法

1. 标题

制度的标题通常只标明内容和文种，如《高等学校学生守则》。

2. 正文

开头部分用简要的语言说明制订制度的缘由、依据和目的。如："为完成国务院《特别重大事故调查程序暂行规定》第十七条规定的任务，根据国务院一九八八年四月二十七日总理办公会议的意见，全国安全生产委员会设立专家组。"

主体部分写明制度的具体条款。

结尾部分写施行制度的要求和注意事项，包括施行时间、适用范围、解释权限等。规章制度如不注明实施日期，通常就是指自发布之日起施行。

（四）公约的写法

1. 公约的格式

（1）标题。标题一般由内容和文种组成，如《爱国卫生公约》；也可由制定公约的地区（单位）和文种组成，如《北京市各界人民拥军优属公约》。

（2）正文。开头部分，应写明公约的名称、性质。主体部分，分条写出公约的具体内容，也有在条文之前，先简明扼要地说明订立公约的目的。例如："为发扬拥军优属的光荣传统，密切军政军民关系，发展安定团结的大好形势，同心同德建设'四化'，特别制定本公约。"结尾部分，提出要求、希望、号召。例如："以上公约，全市人民要严格遵守，认真执行，要树立'拥军优属，人人有责'的社会风尚。"

2. 公约的写作要求

（1）订立公约前应充分酝酿，广泛讨论，既要了解党和国家的有关方针政策，又要充分考虑本单位、本地区的实际情况。

（2）要充分发扬民主，广泛征求群众的意见和建议，使公约能代表绝大多数人的意见。

（3）公约条文应力求简明，具有可操作性。

第四节　调查报告

一、调查报告的概念

调查报告是对某一问题或某一事件进行调查研究后，将所得的材料和结论加以整理而写成的书面报告形式的一种公文文种。调查研究是调查报告的写作基础，调查报告则是调查结果的书面形式。调查报告是认识客观事物的手段，又是解决实际问题的起点，还是制定方针政策的依据。调查报告的使用范围很广，凡制订方针政策、解决实际问题、弄清事情真相、扶植新生事物、推广典型经验，都离不开调查报告。

二、调查报告的种类

根据不同的标准，调查报告可以分为不同的种类。

按调查的范围、内容分，调查报告可分为：

（1）综合调查报告。综合调查报告是围绕一个中心问题，从多方面进行普遍调查，对取得的材料进行分析研究，综合整理而写出的关于这一问题的总体情况的调查报告。

（2）专题调查报告。专题调查报告是对某项工作、某个典型事件、某项业务或某个问题进行系统调查和分析研究后写出的调查报告。这种报告内容单一，范围较小。

按作用分，调查报告可分为：

（1）反映基本情况的调查报告。这类报告是在深入、系统地研究某一方面基本情况的基础上写成的，其内容比较全面，篇幅也比较长。这类调查报告常常用来对上汇报，或作为领导党政机关正确制定方针政策和事业发展规划的依据。

（2）介绍新思想、新作风、新事物的调查报告。这类调查报告既要求比较具体且完整地反映新生事物产生的时代背景及自身发生、发展过程与所遇到的各种问题，又要求阐明它在整个现实生活中的意义和作用，揭示它的成长规律和发展方向，以促进新生事物的成长和推广。

（3）典型经验调查报告。典型是指有代表性的个别事物。这类报告要求把一个地区、一个部门、一个单位、一个方面的成功经验，全面地总结、介绍出来，找出其中带有规律性的东西，供有关方面学习借鉴。这类调查报告在写作中，应概括叙述调查对象的基本情况、主要经验、现实意义、具体措施、今后设想等。这类报告要起到示范引路的作用。

（4）揭露问题的调查报告。这类调查报告是针对暴露出来的问题，进行深入、细致、全面的调查，弄清问题发生的原因，分析问题的实质、危害，并提出今后避免同类问题发生的方法。它既可作为公正严肃处理问题的依据，又能起到用典型教育他人的作用，引起人们的警觉，接受教训，少犯或不犯错误。这种调查报告有的公开发表，有的只作内部公文的附件发至有关单位，促进问题的解决。揭露问题的调查报告有两类：一类是对某一情况或问题的综合调查报告，其内容涉及的单位或人员往往较多，重点应放在调查基本情况和基本问题上；另一类是对某案件的具体调查，重点是调查核实主要情节和主要问题。

（5）考查历史事实调查报告。这类调查报告是对某一历史事件进行周密调查后，用确凿的事实反映历史真相。这类调查报告重证据、重史实，观点鲜明，具有很强的说服力。

三、调查报告的特点

（1）写实性。调查报告是在占有大量现实和历史资料的基础上，用叙述性的语言实事求是地反映某一客观事物。充分了解实情和全面掌握真实可靠的素材是写好调查报告的基础。

（2）针对性。调查报告一般有比较明确的意向，相关的调查取证都是针对和围绕某一综合性或是专题性问题展开的，所以调查报告反映的问题集中并且有深度。

（3）逻辑性。调查报告离不开确凿的事实，但又不是材料的机械堆砌，而是对核实无误的数据和事实进行严密的逻辑论证，探明事物发展变化的原因，预测事物发展变化的趋势，提示本质性和规律性的东西，得出科学的结论。

（4）社会性。调查报告作为时代的镜子，从不同的侧面客观地反映社会情况和问题，具有明显的社会功能。调查报告所总结的典型经验，对社会各方面具有指导意义；调查报告所揭露的问题对社会各方面具有警戒作用；调查报告作为一种社会舆论、社会事实的发言人，能比较客观地反映人民的愿望，能鼓舞人们克服前进道路上的各种困难，信心百倍的争取胜利。

（5）典型性。调查报告具有典型性，是为了解决某个问题，总结某项经验，研究事物的发展趋势而写作的，因此需要恰当地选择典型，解剖麻雀，探索事物的发展规律，寻求解决矛盾的办法。

四、调查报告的作用

（1）掌握和研究某种情况，作为机关、单位制定方针政策、措施的重要依据。

（2）检验路线、方针、政策贯彻执行情况，借以解决和回答一个时期上级提出的问题。

(3) 通过典型事例的分析、总结，得出具有方向性和普遍意义的经验，推动工作。

(4) 用调查的事实，教育说服群众，明确有关问题的真相。

(5) 调查有关案件和事故真相等，分清和明辩是非，以便做出正确的处理。

五、调查报告的写法

调查报告一般由标题和正文两部分组成。

(一) 标题

标题有两种写法。

(1) 规范化标题，即“发文主题”加“文种”，基本格式为“××关于××××的调查报告”、“关于××××的调查报告”、“××××调查”等。

(2) 自由式标题，包括陈述式、提问式和正副题结合使用三种。陈述式，如《北京师范大学硕士毕业生就业情况调查》；提问式，如《为什么大学毕业生择业倾向沿海和京津地区》；正副标题结合式，正题陈述调查报告的主要结论或提出中心问题，副题标明调查的对象、范围、问题，这实际上类似于“发文主题”加“文种”的规范格式，如《高校发展重在学科建设——××大学学科建设实践思考》等。

作为公文，最好用规范化的标题格式或自由式中正副题结合式标题。

(二) 正文

正文一般分为前言、主体、结尾三部分。

1. 前言

前言有以下三种写法：

(1) 写明调查的起因或目的、时间和地点、对象或范围、经过与方法以及人员组成等调查本身的情况，从中引出中心问题或基本结论。

(2) 写明调查对象的历史背景、大致发展经过、现实状况、主要成绩、突出问题等基本情况，进而提出中心问题或主要观点。

(3) 开门见山，直接概括出调查的结果，如肯定做法、指出问题、提示影响、说明中心内容等。

前言起到画龙点睛的作用，要精练概括，直切主题。

2. 主体

主体是调查报告最主要的部分。这部分详述调查研究的基本情况、做法、经验，以及分析调查研究所得材料，并从中得出各种具体认识、观点和基本结论。

3. 结尾

结尾的写法也比较多，可以提出解决问题的方法、对策或改进工作的建议；或总结全文的主要观点，进一步深化主题；或提出问题，引发人们的进一步思考；或展望前景，发出鼓舞和号召。

第五节 简　报

一、简报的概念

简报是各行政机关之间用来下情上报、上情下达和互通情况、交流信息的一种简短的书面报告，是信息类公文中最重要、最常用的一种。简报又称“动态”、“简讯”、“要情”、“摘报”、“工作通讯”、“情况反映”、“情况交流”、“内部参考”等。也可以说，简报就是简要的调查报告、简要的情况报告、简要的工作报告、简要的消息报道等。

二、简报的特点

简报除具有一般报纸新闻性的特点外，还具有本身的特点，主要是：

（1）专业性。简报一般由有关单位、部门主办，专业性十分明显。如《人口普查简报》、《计划生育简报》、《水利工程简报》、《招生简报》等等，分别由主办单位组织专人撰写，传递该项工作的各种信息，包括情况、经验、问题和对策等，一般性的东西少说，无关的东西不说，专业性的东西多说。这样，对于一般读者来说，他们能了解工作的进展情况，增强责任感；对于领导机关来说，他们接到这样的简报，能掌握情况，针对具体问题能提出有效办法。

（2）简明性。简报姓“简”，简，是它区别于其他报纸的最显著的特点。一期简报只登几篇文章，甚至只登一篇文章、几段信息，总共一两千字，长的也不过三五千字，读者可以用很短的时间把它读完，适应现代快节奏工作的需要。此外，简报的语言都简明精练。

（3）私密性。简报一般在编报机关管辖范围内各单位之间交流，不宜甚至不能公开传播，特别是涉外机关和专政机关主办的简报更是如此。有的简报，往往是专给某一级领导人看的，有一定的保密要求，不能任意扩大阅读范围。

三、简报的类型

简报按时间分，有定期简报、不定期简报；按性质分，有工作简报、生产简报、学习简报、会议简报；按内容分，有综合反映情况的简报、反映特定情况的专题简报。

（1）业务简报。这是一种反映本地区、本系统、本部门日常工作或问题的经常性简报。它包含的内容较广，工作情况、成绩问题、经验教训、表扬批评、对上级某些政策或指示执行的步骤与措施都可以反映。它常以定期或不定期的形式出现，在一定范围内发行。

(2) 专题简报。这是一种阶段性的简报。它往往是针对机关工作中某一时期的中心工作、某项中心任务办的简报，中心工作完成，简报也就停办了。

(3) 会议简报。这是会议期间反映会议情况的简报，是一种临时性的简报，内容包括会议中的情况、发言及会议决定等。规模较大、时间较长的会议常要编发多期简报，起到及时交流情况，推动会议的作用。小型会议一般是一会一期简报，常常是在会议结束后，写一期较全面的、总结性的情况反映。

(4) 动态简报。这里所说的动态包括情况动态和思想动态。这类简报的时效性、机密性较强，要求迅速编发，发送范围有一定限制，在某一个时期、某一阶段要保密。

四、简报的作用

(1) 上情下达。上级机关通过简报可以向下级机关发布、传达本机关及其所属机关的重要工作情况，使下级机关了解、掌握和参考。

(2) 下情上达。下级机关通过简报可以向上级机关报告工作中的成绩、经验、信息、动态，为领导和上级主管部门进行各项工作决策、推广典型经验、指导工作提供可靠依据。

(3) 横向交流。不相隶属的机关之间通过简报可以互通情况，交流信息和经验，从而推动工作。

五、简报写法

(一) 简报的写作要求

(1) 真实。真实是简报的生命。简报主要是为决策提供参考的，它所反映的材料必须是客观存在的，必须是客观事物本来的面目。因此，编写简报所用的材料一定要实实在在。只有确保材料的真实性，简报才能真正发挥它应具有的作用。

(2) 迅速。简报具有很强的时效性。只有迅速及时地反应情况，才能使读者了解掌握最新的信息。为此，简报的作者要有很强的时间观念，无论采写还是编辑都必须抢时间，争速度，及时反映，迅速交流。

(3) 新颖。新颖是简报的价值所在。编写简报要反映新情况、新问题、新见解。主题要新，角度要新，要能给人以启发、借鉴。

(4) 简洁。简洁是简报的本质特点。简报的篇幅要力求简短，一般在千字以内，最多不超过两千字。在编写简报时，要力求内容集中，语言简约。

(二) 简报的写作结构

简报一般由简报报头、简报的标题目录、简报正文等几部分组成。

(1) 简报报头。报头一般用大型号黑体字或套红印刷，标明简报名称、简报的期数、主办单位、密级、阅读范围和编印时间等等。

(2) 简报的标题目录。简报的标题拟写没有固定的格式要求，但应力求生动新颖、富有文学色彩和新闻特点。概括内容、醒目、吸引人是拟写标题的基本要求。有些综合性简报的文章较多时，还可用目录将标题分类列出以便查阅。

(3) 简报的正文。简报正文的写法有如新闻特写、消息报道的写作。每篇文章先写导语，简要地把主旨概括出来，再具体叙述文章所反映的情况内容。一般来说，“工作简报”要具体反映工作概况、做法、效果、体会和经验等；“情况简报”要具体反映情况的背景、具体问题和应对措施等；“会议简报”要具体反映会议的进程、议题、决议、会议发言要点等；“动态简报”要具体介绍正在发生或刚发生的事态、消息等。

(4) 简报的附件。正规的简报，特别是内容涉及有关保密规定和限定阅读范围的简报，应该与正文文件一样，有简报的附件部分。简报的附件包括责任编辑、校对、印刷装订单位、报送单位、发至单位、印刷总份数及来稿联系人、联系电话等等。

简报的附件部分排在简报最后一页的下端，用一上一下两条平行线括出范围，里面分别列出附件的各个项目。

【例文 3-3】

食品安全不容忽视

为切实加强我校师生食堂管理，保证全体师生饮食安全，改善学生营养状况，保障学生身体健康，我校于 2016 年 3 月 11 日下午召开了师生食堂工作人员培训会，我校管理人员及师生食堂全体工作人员参加了会议。

会议由我校张校长主持。

此次培训会的主讲是我校后勤李主任。他根据自己从事学校食堂食品管理的经验，从学校食品安全和食堂规范化要求、学校食堂管理人员和从业人员的食品卫生知识要求等几个方面作了培训，尤其是对日常操作过程中看似习惯，却存在巨大安全隐患的细节进行了规范。最后我校王校长作了总结讲话，他要求食堂管理人员增强责任感，加大隐患排查力度，确保师生安全。

此次培训，使全体参会人员理解和掌握了食堂管理相关知识，对规范学校食堂管理、切实抓细学校安全工作起到了推动作用。

思考与练习

3-1　简述计划的特点、分类与作用。

3-2　请从某事业单位部门的角度撰写一篇总结。

3-3　简述规章制度的特点、分类与作用。

3-4　请根据自己专业情况，撰写一篇调查报告。

第四章　会议文书

会议文书是一个综合概念，它包括各种会议中所使用的公文文章。会议文书是党政机关、企事业单位、社会团体等组织在其职权范围内制定的公开发布并反复适用，用以规范行为，并具有普遍约束力的文件。

会议文书包括会议前、会议中和会议后需要撰写的材料，主要有开幕词、闭幕词、演讲稿、会议记录、会议报告等。

第一节　开幕词和闭幕词

一、开幕词

（一）开幕词的概念与作用

开幕词是党政机关、社会团体、企事业单位在召开大型会议时，由主要领导人在会议开幕时所作的讲话。

开幕词是大会正式召开的标志，主要领导人亲临大会并发表开幕词，既可以彰显组织者对大会的重视，也可以表现组织者对与会人员的友好之情、欢迎之意。同时，开幕词还要阐明会议的指导思想、宗旨、重要意义，向与会者提出会议的中心任务和要求。因此，开幕词对会议有着重要的指导作用。

（二）开幕词的特点

（1）宣告性。开幕词是在会议开始时，由主要领导人所做的开宗明义的讲话，用于宣告会议或活动的开始，所以开幕词具有宣告性。

（2）简明性。开幕词是在会议开始时使用，因此其内容要简洁明了，不可长篇累牍，并多用祈使句，表示祝贺和希望。

（3）口语性。开幕词主要用于会议开始时的宣读，所以在语言组织上要选用通俗上口、简洁明快的语言，以达到鼓舞与会者满怀激情地参加会议、开好会议的目的。

（三）开幕词的种类

开幕词按内容可以分为侧重性开幕词和一般性开幕词两种。侧重性开幕词往往对会议召开的历史背景、重大意义或会议的中心议题等作重点阐述，其他问题一带而过。一般性开幕词则只对会议的目的、议程、基本精神、来宾等作简要概述。

（四）开幕词的写法

开幕词一般由标题、称谓、正文三部分组成。

1. 标题

常见的开幕词标题有以下三种写法：

（1）标题由“事由和文种”构成，在标题下外加括号注明开会时间，再下面是致词人的姓名。如：

××大学建校100周年庆祝大会开幕词

（××年×月×日）

×××

（2）将致词人写进标题，标题下面注明开会时间。此种形式的标题多在报刊发表时使用。如：

×××先生在第×届海峡两岸投资洽谈会上的开幕词

（××年×月×日）

（3）使用新闻式标题的方法，分主标题和副标题。主标题主要是概况会议的目的和主要内容，副标题用来表明事由、文种。如：

守护和谐社会的碧水蓝天

——第×届全国环境执法研讨会开幕词

（××年×月×日）

×××

2. 称谓

称谓一般在标题下一行顶格写，具体根据会议的性质及参加会议人员的性别、职业、身份、地位等情况具体确定，主要使用泛称，如“各位代表”、“各位来宾”、“各位朋友”、“女士们、先生们”、“同志们”、“朋友们”等。

3. 正文

正文是开幕词的核心部分，一般分为开头、主体和结尾三个部分。

开头主要是简要介绍会议召开背景、宣布会议开幕。

主体部分主要阐明会议的内容及其意义。一般包括简单介绍会议的筹备和出席会议的人员情况；会议召开的背景、宗旨和意义；准确把握会议的性质、目的及主要任务；概括说明会议的主要议程及要求；会议的奋斗目标及深远影响等。

行文风格要充满热情，富有鼓舞力。

结尾部分一般表达对与会人员的感谢，并提出希望，表示对活动或会议的祝福，多以“预祝大会圆满成功”结尾。

【例文 4-1】

北京邮电大学第十四次党代会开幕词

2015 年 1 月 22 日在北京邮电大学第十四次党代会上的讲话

乔建永　校长

各位领导、各位代表、同志们：

中国共产党北京邮电大学第十四次代表大会经过一段时间的认真筹备，今天隆重开幕了。首先，我代表大会主席团，向莅临大会的上级党组织的领导和来宾，表示热烈的欢迎！向出席大会的学校历任老领导和离退休老同志致以崇高的敬意！向到会的长期以来与我们肝胆相照、并肩奋斗的各民主党派和无党派的同志们表示衷心的感谢！向各位正式代表、列席代表表示诚挚的问候！

在全党认真贯彻落实党的十八大、十八届三中、四中全会精神，扎实巩固党的群众路线教育实践活动成果的重要时刻，在北京邮电大学综合改革工作不断深入和加快创建高水平研究型大学的关键时期，我们召开第十四次党代会。这是我校党的政治生活中的一件大事，必将对北京邮电大学的改革和事业发展产生重要而深远的影响。

在北京邮电大学第十三次党代会上，学校紧紧围绕打造核心竞争力，推动各项事业全面、协调和可持续发展，确立了一系列奋斗目标，这些目标不仅寄托着几代北邮人的梦想和希望，也深受社会各界的关注和支持。

（略）

同志们，长风破浪会有时，直挂云帆济沧海。我们相信，有党的路线的正确指引，有教育部和北京市的大力指导和亲切关怀，有北京邮电大学的光荣传统和全校师生员工的共同努力，我们就一定能够抵御前进道路上的各种风浪，不断开创北京邮电大学事业发展的新局面！

最后，再次感谢出席本次大会的领导和来宾，预祝第十四次党代会取得圆满成功！谢谢大家！

二、闭幕词

（一）闭幕词的概念

闭幕词顾名思义是在会议闭幕时的讲话，即由会议的主要负责人代表会议举办单位向全体与会者发表对会议的评价和总结。

闭幕词与开幕词相对，是会议圆满成功的标志。其内容一般是概述会议所完成的任务，对会议的成果作出评价，对会议的经验进行总结，对贯彻会议精神提出要求和希望等。

（二）闭幕词的特点

（1）总结性。闭幕词要对会议内容、会议精神进行简要的总结，对整个会议作出恰当评价，肯定会议的重要成果，强调会议的主要意义和深远影响等。

（2）概括性。闭幕词应对会议进展情况、完成的议题、取得的成果、提出的会议精神及会议意义等进行高度的语言概括。因此，闭幕词的篇幅一般都短小精悍，语言简洁明快。

（3）口语性。与开幕词相对，闭幕词是在会议结束时宣读，因此也要适合口头表达，写作时语言要求通俗易懂、简洁流畅。

（三）闭幕词的种类

与开幕词相同，闭幕词按内容亦可分为侧重性闭幕词和一般性闭幕词。侧重性闭幕词一般侧重总结会议的成效，再次强调会议的意义和影响。一般性闭幕词则是对大会整体进行概括的总结。

（四）闭幕词的写法

闭幕词一般由标题、称谓、正文三部分构成。

1. 标题

常见闭幕词的标题有以下三种写法：

（1）标题由“事由和文种”构成，在标题下外加括号注明时间，再下面是致词人的姓名。如：

文化艺术节闭幕词

（××年×月×日）

×××

（2）将致词人写进标题，标题下面注明开会时间。如：

×××市长在×××博览会闭幕式上的闭幕词

（××年×月×日）

（3）使用主副标题的写法，即第一行为正标题，揭示主题思想；第二行为副标题，说明场合。如：

携手共建网络快车道

——第×届全国网络安全研讨会闭幕词

（××年×月×日）

×××

2. 称谓

闭幕词的称谓与开幕词相同。要根据会议的性质及参加会议人员的情况具体确定。

3. 正文

正文是闭幕词的核心部分，一般分为开头、主体和结尾三个部分。

开头是简要说明会议已完成预期任务并即将胜利闭幕。

主体部分主要对大会进行概括总结，即大会讨论、通过的内容，研究解决了哪些重要问题，取得了哪些经验与成绩，会议的重要意义以及向与会者提出贯彻落实大会精神的具体要求等。这部分是闭幕词的重点，要做到层次清晰、重点突出、言简意赅，具有逻辑性和深刻性。

结尾部分一般表达对与会人员的感谢和祝福，并提出下次再聚的希望，常以"现在，我宣布，××大会闭幕"结尾。

【例文 4-2】

第 29 届北京奥运会闭幕词

（2008 年 8 月 24 日）

雅克·罗格

亲爱的中国朋友们：

今晚，我们即将走到 16 天光辉历程的终点。这些日子，将在我们的心中永远珍藏，感谢中国人民，感谢所有出色的志愿者，感谢北京奥组委。

通过本届奥运会，世界更多地了解了中国，中国更多地了解了世界，来自 204 个国家和地区奥委会的运动健儿们在光彩夺目的场馆里同场竞技，用他们的精湛技艺博得了我们的赞叹。

新的奥运明星诞生了，往日的奥运明星又一次带来惊喜，我们分享他们的欢笑和泪水，我们钦佩他们的才能与风采，我们将长久铭记再次见证的辉煌成就。

在庆祝奥运会圆满成功之际，让我们一起祝福才华横溢的残奥会运动健儿们，希望他们在即将到来的残奥会上取得优异的成绩。他们也令我们备感鼓舞，今晚在场的每位运动员们，你们是真正的楷模，你们充分展示了体育的凝聚力。

来自冲突国家竞技对手的热情拥抱之中闪耀着奥林匹克精神的光辉。希望你们回国后让这种精神生生不息，世代永存。

这是一届真正的无与伦比的奥运会，现在，遵照惯例，我宣布第 29 届奥林匹克运动会闭幕，并号召全世界青年四年后在伦敦举办的第 30 届奥林匹克运动会上相聚，谢谢大家！

第二节　演讲稿

一、演讲稿的概念

演讲稿又称讲演稿、演讲词、讲话稿，是演讲者为表达自己的见解和主张，在特定的仪式、集会或会议上发言的文稿。

由于演讲稿与议论文一样论点鲜明、逻辑性强，而且还可以运用多种修辞手法和艺术手法，因此演讲稿具有很强的鼓动、宣传、教育及欣赏作用。演讲者还通过借助有声语言和体态语言，将自己的观点、主张、思想感情传达给听众，以期与听众达到思想上的共鸣。

二、演讲稿的特点

(1) 针对性。首先，演讲稿内容中提出的问题应是听众所关心的问题，而且要针对听众的具体情况，考虑听众的思想状况、文化水平、职业状况等进行撰写，这样，才能起到应有的效果；其次要针对演讲的具体场合，如党团集会、专业性会议、学校、社会团体、宗教团体、各类竞赛场合等的不同，为听众设计不同的演讲内容。

(2) 鼓动性。演讲的目的是说服听众，引起听众的情感共鸣。因此演讲稿在内容上要见解精辟，有独到之处，语言表达要形象、生动，富有感染力。这一要求使得演讲稿比一般文章更具有鼓动性。

(3) 可讲性。演讲的本质在于“讲”，而不在于“演”，它以“讲”为主、以“演”为辅。所以在撰写演讲稿时，要“易讲”、“好讲”、“好懂”、“好记”，写得通俗易懂、朗朗上口。

三、演讲稿的种类

演讲稿根据不同的标准，可以分为不同类型。

根据演讲内容不同，演讲稿可以分为政治演讲稿、学术演讲稿、思想教育类演讲稿、商业演讲稿、竞聘演讲稿等。

根据演讲方式不同，演讲稿可以分为命题演讲稿、即兴演讲稿和论辩性演讲稿等。

根据演讲目的不同，演讲稿可以分为告知性演讲稿、说服性演讲稿和娱乐性演讲稿等。

根据演讲表现手法的不同，演讲稿可以分为叙事型演讲稿、议论型演讲稿、抒情型演讲稿等。

四、演讲稿的写法

演讲稿一般由标题、称谓、正文三部分构成。

（一）标题

演讲稿的标题往往关系到演讲的直接效果，具有画龙点睛的作用。一个好的标题不仅可以唤起听众的兴趣，而且还能给听众留下美好的回忆。

从标题的形式看，演讲稿标题的写法主要有以下三种：

（1）根据讲演的内容提炼而成的标题，如《我有一个梦想》、《坚定信仰，弘扬美德》等。

（2）根据会议的名称或演讲发表的时间、地点而定的标题，如《在帝国议会讲坛的反战演说》、《×××校长在×××大学2009年毕业典礼上的讲话》等。

（3）以正标题揭示演讲主题，以副标题说明事由和文种，如《共创中俄关系美好未来——在中俄建交60周年庆祝大会上的讲话》、《用发展的眼光看中国——在剑桥大学的演讲》等。

从标题的内容看，演讲稿标题常见的写法有以下四种：

（1）直入式。这种标题就是开门见山，直接对演讲稿的主题进行概述，清晰明了地向听众展示演讲的中心内容，以期尽快引起听众的共鸣，如《没有金钱并非“万万不能”》、《迎接世纪的挑战》等。

（2）提问式。这种标题通过提出问题，引起听众注意，激发听众思考，而演讲内容则是对问题的回答，如《人生的价值何在》、《他们很傻么?》等。

（3）警醒式。这种标题主要是运用名言警句来提醒、鼓励听众，以激发听众使之觉醒，如《有志者事竟成》、《天下兴亡、匹夫有责》等。

（4）悬念式。这种标题通过设置悬念，将文章的中心思想蕴藏于标题中，引起听众的兴趣，让人思而得之，如《逐日立杖铸丰碑》、《红绿灯下赤子情》等。

（二）称谓

演讲稿的称谓要根据会议的性质以及与会人员的具体情况而定，要既得体又礼貌。一般遵循领导在先、长辈在先、女士优先的原则；先用特称后用泛称的原则等。常见的称谓有“各位领导”、“各位来宾”、“女士们、先生们”、“同志们”、“朋友们”等，通常在称谓前加上“尊敬的”、“敬爱的”等词，以示尊重和友好。

（三）正文

演讲稿的正文包括开头、主体、结尾三部分。

1. 开头

演讲稿的开头又称开场白，在演讲稿中具有重要的作用。演讲稿开场白的好坏，直接影响演讲的效果。因此开场白要善于抓住听众，用间接的语言在最短的时间内引起听众的兴趣，调动听众的情绪，营造良好的演讲气氛，为后面的演讲内容打下良好的基础。

常见的演讲稿开头方式主要有以下几种：

（1）开门见山、点明主题。这种写法是在演讲的开头就用高度凝练的语言直接提出演讲的意图和演讲的主题，引发听众想听下文的欲望，让听众迅速跟进演讲内容。

（2）提出问题、引发思考。这种写法是根据听众及演讲内容，提出一些激发听众思考的问题，以引起听众的注意。

（3）引经据典、烘托气氛。这种写法是利用名言警句、著名诗歌等引出演讲的主题，为演讲主题作铺垫与烘托，既点名演讲主旨，又增强演讲稿的文采。

（4）触景生情、渲染气氛。这种写法是通过在演讲现场找到一个触点，创设出适宜的环境氛围，引起听众的感情共鸣，以此发表自己的感想和议论。

2. 主体

主体是演讲稿的核心部分，要做到论据充分、层次分明、衔接紧密、节奏适度，这样才能使演讲取得预期效果。

论据充分是指演讲稿中所选择的材料要具有代表性和典型性，既能充分展现主题，又能引起听众的共鸣。

层次分明是指演讲稿的思路展开过程要条理清楚、结构严谨，让听众能够清晰明了地掌握演讲稿的内容。

衔接紧密是指对演讲稿的结构在松紧、疏密等方面进行整合，让整个演讲稿的内容层次变换更为巧妙和自然，也使得演讲的脉络更为清晰。

节奏适度是指在演讲过程中通过变换演讲内容来表现抑扬顿挫、张弛起伏，以便听众保持高度集中的注意力。

3. 结尾

演讲稿的结尾，即演讲的结束语，是演讲内容的自然结束，要求言简意赅，简洁明快地总结全文，运用感情色彩浓郁的词语或修辞手法，使整个演讲的主题在此得到升华。

常见的结尾方法有以下几种：

（1）总结归纳式。这样的结尾要简明扼要的概括全篇要点，对演讲内容和思想观点作一个高度概括性总结，起到强化主题、首尾呼应的作用。

（2）呼吁号召式。这种结尾一般以催人奋进的语言，对听众提出希望，发出号召，振奋斗志，使听众产生一种蓬勃向上的力量。

（3）诗歌抒情式。这种结尾是以著名的诗歌、歌曲、佳句作结，既饱含丰富的情感，又具有鲜明的节奏。以这样的方式结尾，能够达到言有尽而意无穷的效果，往往能够引起听众强烈的共鸣。

【例文 4-3】

态度决定一切

尊敬的各位领导、各位评委、各位同事：

大家好！今天我演讲的题目是——态度决定一切。

在工作面前，态度决定一切。没有不重要的工作，只有不重视工作的人。不同的态度，成就不同的人生，有什么样的态度就会产生什么样的行为，从而决定不同的结果。

有这样一个小故事：三个工人在砌一堵墙。有人过来问他们："你们在干什么？"

第一个人抬头苦笑着说："没看见吗？砌墙！我正在搬运着那些重得要命的石块呢。这可真是累人啊……"

第二个人抬头苦笑着说："我们在盖一栋高楼。不过这份工作可真是不轻松啊……"

第三个人满面笑容开心地说："我们正在建设一座新城市。我们现在所盖的这幢大楼未来将成为这座城市的标致性建筑之一，想想能够参与这样一个工程，真是令人兴奋。"

十年后，第一个人依然在砌墙；第二个人坐在办公室里画图纸，他成了工程师；第三个人，是前两个人的老板。

可见，一个人的工作态度折射着人生态度，而人生态度决定一个人一生的成就。

每个人都有不同的工作轨迹，有的人成为单位的中流砥柱，实现了自己的价值；有的人一直碌碌无为；有的人牢骚满腹，总以为与众不同，而到头来仍一无所获。众所周知，除了少数天才，大多数人的禀赋相差无几。那么，是什么在造就我们、决定我们呢？我想是"态度"！

我们做任何事情，成败的关键不在于客观因素，而在于我们做事的态度。客观困难的确存在，关键在于我们是直面困难、解决困难，还是回避困难、在困难面前放弃，这便是一个态度问题。鲁迅先生说过："真的猛士，敢于直面惨淡的人生，敢于正视淋漓的鲜血"。只要我们以积极的态度面对困难，不为困难所吓倒，就一定能够战胜困难，成为一名生活和工作中的勇士！

在实际的生活当中，我们常听到这样的抱怨："工作很累，钱挣得很少"，"做同样的工作，为什么他挣得比我多呢?"，"领导为什么只重视他，委以他重任呢?"诚然，这样的情况实际中确实存在。带着情绪工作，肯定不会有出色的表现。试想，左手边站着一个态度积极向上，右手边站一个灰心丧气、凡事都摇头的员工，领导会做出什么样的选择?

工作和生活需要热情和行动，需要努力，需要一种积极主动、自动自发的精神，这就要求我们以积极的态度对待工作、对待他人、对待生活。有积极的态度才能够担负起责任，才能够团结，才能够开拓创新，才能够应对各种复杂的问题。

态度决定选择！

态度决定思路！

态度决定命运！

态度决定一切！

让我们从现在开始，以积极的态度来勇于超越自我，不断完善自我，丰富我们的人生吧！

谢谢大家！

第三节 会议记录

一、会议记录的概念

会议记录是在会议进行过程中，由专门的记录人员将会议的组织情况、会议研究和讨论的问题、报告和发言的具体内容、形成的决议和各方面的意见等内容如实记录下来形成书面材料的一种文书。它是会议的重要资料。

二、会议记录的特点

（1）真实性。与其他文种相比，会议记录要求记录者必须实事求是，不可进行发挥、改造，要忠实、准确地记录会议实况，保证记录的真实性。

（2）完整性。会议记录要对会议的基本情况，即会议的时间、地点、人物、议程等，会议期间领导讲话、参会人员的发言、讨论以及争议，最后形成的决议和决定的内容，都记录下来，保证会议记录的完整性。

（3）指导性。由于一些会议本身具有权威性，而会议记录是集中反映会议的主要精神和决定事项，因而记录一经下发，将对有关单位和人员产生约束力，起着类似于指示、决定或决议等指挥性公文的作用。

（4）佐证性。会议记录可以作为参会人员向上汇报、向下传达的文字依据，也可以在必要时作查阅之用。

三、会议记录的种类

按照会议的性质来分，会议记录可分为办公会议记录和专题会议记录。办公会议记录是记述机关或企事业单位等对重要的、综合性工作进行讨论、研究、决议等事项的一种会议记录；专题会议记录是专门记述座谈会讨论、研究的情况与成果的一种会议记录。

按照记录方式来分，会议记录可分为摘要记录和详细记录。摘要记录是只记录会议要点和中心内容；详细记录是有言必录，要求详细而具体，并且尽量记录原话。

四、会议记录的写法

会议记录一般由标题、正文、结尾三部分组成。

（一）标题

标题是会议记录的名称，由开会单位、会议名称、文种三部分构成，如《××市城南开发区管委会会议记录》等。也可以省略开会单位直接由会议名称和文种构成，如《××新产品研发会议记录》等。

（二）正文

会议记录的正文由开头、主体、文尾组成。

会议记录的开头是写清会议的组织概况，包括会议名称、时间、地点、出席人数、缺席人数、会议议程、主持人、记录人等。

会议记录的主体是记录会议的整体内容，包括会议议题、议程、讨论发言内容、得出的意见和建议、领导讲话、议定事项、表决情况、通过的决议以及会议的遗留问题等。上述内容要求如实、准确记录。

结尾，表明会议结束，记录完毕后，另起一行写“散会”、“休会”等。

（三）文尾

会议记录的文尾位于正文下一行右下角，签上主持人和记录人的名字，并标注记录时间。

【例文 4-4】

信息工程系会议记录

会议时间：2015 年 1 月 5 日

会议地点：6 楼机房

参会人员：信息工程系全系教师以及相关教学院长等院领导

主持人：×××

记录人：×××

会议内容：

1. 关于教学改革

可以适当增加项目化教学内容比例，用项目式教学法完成教学。

（1）在人才改革方面肯定了我校的知识模块的同时，提出增设专而精的模块，如在平面广告方面进行职能细化、分化，在专向培养方面增加力度。

（2）在教材方面可以适当增加就业指导及心理辅导等内容，如增加学生职业生涯及规划方面的内容。

（3）与广告公司、三维设计公司、影像公司合作，把公司的工作流程纳入教学内容，使学生毕业之后更容易进入岗位角色，融入社会。

2. 关于校企合作

（1）企业与我校相结合培养学生，即学生边学边做，把学生在企业的实习内容纳入考试成绩。

（2）课程多元化，增加一些选修课。

（3）实验室建设上多增加一些投入。

（4）加强师资队伍建设。专业教师与企业技术人员及工程师之间相互对接、互换，提高专业教师的实践能力。

（5）学生在校期间到企业进行实习，提前进入企业，了解企业及企业需求，使之提高学生学习兴趣的同时，能够提前与社会接轨，为学校定向培养学生打下基础。

3. 教学改革方面的建议

加强学校与企业之间的沟通。学生刚入学阶段可以安排到企业参观，了解企业；进入正规教学阶段之后教师与企业加强交流与沟通；最后实习阶段学生进入企业，理论与实践结合，巩固与理解所学到的理论知识。这样能让学生学以致用，也能增加学生的自信心，学习更有针对性，更有利于职业生涯定位，更快地融入社会。

会议成果：推行新的人才培养方案后，与企业专家再次进行了深入的探讨和论证，企业专家都给出了贴合企业实际的建议，为我们的进一步改革提供了思路与方向，并与企业签订了校企深度合作的协议。

信息工程系

2015 年 1 月 5 日

第四节 会议报告

一、会议报告的概念

会议报告是由上级机关领导或相关代表人物在有关会议上为一定时期的工作所作的总结性和指导性讲话。

会议报告是一种书面文字材料，也是会议文件的重要组成部分和贯彻会议精神的依据，还是供查阅的历史资料。同时，通过领导同志所做的报告，与会代表可以认清形势，明确任务，更好地完成会议提出的各项任务。

二、会议报告的特点

（1）权威性。会议报告是领导人在大型会议上或重要场合作的有关政治、经济、文化和局势等方面的报告，它是在依据有关方针政策，并进行广泛深入调研、充分占有材料的基础上，对前段工作的总结和对后段工作的部署和设想，审议通过后，即成为日后工作的纲领性文件，因此具有权威性。

（2）针对性。会议报告是对实际问题的分析和解决，它要求在分析的基础上提出解决问题的意见或对策，并要求在实际工作中能够保证得以贯彻执行，因此具有很强的针对性。

（3）汇报性。会议报告是向与会者作相关汇报，有时还需提请与会者审议。

三、会议报告的种类

根据性质与内容，会议报告可分为政治报告、工作报告、动员报告等。

政治报告是领导机关为实现一定历史时期的政治目标而作的路线、方针、政策方面的报告。政治报告多由领导机关的主要负责人作，如胡锦涛同志在中国共产党第十八次全国代表大会上所作的题为《坚定不移沿着中国特色社会主义道路前进 为全面建成小康社会而奋斗》的报告。

工作报告是以经济建设、科学文化、教育卫生等工作为主要内容的报告，是各系统各单位领导就所属范围的工作向下级单位和人民群众所作的工作报告等。

动员报告是动员有关人员去完成某专项工作或突击任务的报告。动员的目的，是使有关人员提高认识，明确任务，增强信心，圆满完成任务，如《在××市××区学习宣传贯彻党的十八大精神动员大会上的报告》。

四、会议报告的写法

会议报告由标题、称谓、正文三部分构成。

（一）标题

会议报告的标题一般有两种写法。一种是由会议名称及文种构成，并在标题下署名报告人的职务和姓名，有的直接在标题中加入报告人的姓名。如：

××市××区人民代表大会筹备工作报告

区人民代表大会常务委员会副主任　李××

2015 年×月×日

另一种写法是采用主副标题的形式。主标题用来体现会议精神，副标题补充报告的会议名称和文种。如：

深化基础建设　强化管理平台　坚定不移地推进企业管理科学化进程

——在公司首届第三次职代会上的工作报告

（二）称谓

会议报告直接面对的是与会者，所以一般在标题下一行顶格写，如“同志们”、“各位代表”等。

（三）正文

会议报告的正文一般由开头、主体和结尾三部分构成。

正文开头一般介绍会议召开的背景、意义，报告的原因和目的等。

正文的主体是陈述报告的具体内容。首先是对前一阶段工作的总结，包括取得的成绩和存在的主要问题；其次是部署下一阶段的工作任务，包括工作形势、指导思想、具体任务等；最后对下级机关和干部群众提出要求。

正文结尾一般是强调意义、提出希望、发出号召。如需要提请会议审议的报告，也在结尾处加上请求语作为结语，如“以上报告，请各位代表（或委员）审议”。

【例文 4-5】

×××同志在深圳市委党校

××××年度工作总结大会上的讲话

（××××年 1 月 16 日）

同志们：

在新春佳节到来之际，我代表市委、市政府向党校的全体同志致以节日的问候！祝愿同志们在新的一年里身体健康、工作顺利、阖家幸福、万事如意！

一、关于去年党校的工作

回顾去年党校的工作，应该如何概括呢？我想应该从三个方面加以概括：去年是党校进一步深化改革的一年，是教学、科研工作取得明显进步的一年，也是党校的面貌发生较大变化的一年。(略)

去年党校的工作，我看在这样几个方面应该肯定：

第一，去年年初调整了党校的领导班子，充实了机构。这为整个党校的运作注入了活力，使党校的工作有了比较大的加强。(略)

第二，去年改革有了新的突破。(略)

第三，党校教学和科研也取得了很大的成绩。(略)

二、我们面临的形势和任务

我想先给大家谈一谈今年的形势，主要有三个基本观点：

一是今年是建立特区的第××周年。(略)

二是综观现在国内的大形势，总的来说，形势是很好的，我们要继续抓住机遇加快发展。但是面临的问题也很多。(略)

三是出路何在？我看只能是苦练内功了。(略)

三、对党校工作的几点要求

我认为今年的形势，对党校工作提出了新的更高的要求。我想提三点要求：

第一，加大干部培训的力度。(略)

第二，加强科研工作。科研要“贴紧生活、联系实际、抓住问题、推动决策”。(略)

第三，围绕教学、科研工作后勤保障要加强。(略)

我总的看法是，党校形势很好，成绩很大。希望大家把握机遇，加快发展，使党校工作在去年的基础上“欲穷千里目，更上一层楼”！

思考与练习

4-1 试为学院第×届团代会写一份开幕词或闭幕词。

4-2 怎样写好演讲稿？请以“激扬青春，畅想未来”为题，写一篇演讲稿。

4-3 简述会议记录的主要内容。会议记录的注意事项是什么？

4-4 会议报告的正文常以怎样的思路行文？

第五章　职业文书

第一节　求 职 信

一、求职信的概念

求职信是求职者为谋求工作，向用人单位介绍自己基本情况、专业特长，并表达主观愿望，以便对方了解自己，进而获得用人单位接纳和聘用的一种文书。

在求职信中，求职者应尽可能地展示自己的才华，展现自己的优势和特长。同时，用人单位也可以通过求职信对求职者进行初步了解，并将求职信作为择优录取的依据。因此，求职信既是求职者的"敲门砖"，又是用人单位考核应聘者的"试金石"。

二、求职信的特点

(1) 针对性。针对性是指求职者首先要根据用人单位的需求，写清有关情况，避免"无的放矢"，而且要真实可信，不可夸大其词。其次，在求职信中，求职者要根据自己的实际情况，判断自己是否能够胜任该项工作。

(2) 自荐性。自荐性是指求职者在对方并不认识自己的情况下，通过毛遂自荐，将自己的优势、特长、成绩等作为主要内容，加以详细介绍，以期获得对方认可。因此，自荐过程也是自我推销、自我宣传的一个有效手段。

(3) 竞争性。求职本身就具有竞争性，用人单位要在众多的求职人员中选择适合本单位需要的人才，所以求职人员在求职信中应将自己的优势展现出来，这样才有可能在竞争中取得胜利。

三、求职信的种类

根据不同的标准，求职信可分为不同种类。

按求职者的身份来分，求职信可分为毕业生求职信、待业人员求职信、从业人员求职信等。

按有无具体求职目标来分，求职信可分为定向求职信和非定向求职信。

四、求职信的写法

求职信一般由标题、称谓、问候语、正文、祝颂语、落款等部分构成。

（一）标题

标题一般位于首页第一行居中的位置，直接为“求职信”、“求职书”或“自荐信”。

（二）称谓

称谓在标题下另起一行顶格处，以冒号结尾。一般有两种情况：一是直接写单位名称，如“××公司”、“××学校”等；二是直接称呼具体负责人，一般是姓氏加职务，如“××经理”、“××校长”等。

（三）问候语

问候语是为了表示对收信人的尊敬和礼貌，位于称谓的下一行，空两格写，以感叹号结尾。多为“您好！”、“近好！”等常用词语。

（四）正文

正文是求职信的重点及核心，位于问候语下一行，空两格处写起。它主要包括以下几个方面的内容：

（1）求职缘由。这一部分主要是介绍求职者如何了解到招聘信息的，自己为什么向该单位求职，向对方表示自己的意愿，表明自己求职意向。例如，“从《××报》上，获悉贵单位成立市场销售部，需本科及以上学历、有工作经验的销售人员，特来应聘。”

（2）基本情况介绍。这一部分要清楚交代求职者的基本信息，包括姓名、性别、出生年月日、政治面貌、文化程度、职业等，以使用人单位通过求职信对求职者有一个初步、完整的了解。

（3）重点优势介绍。这一部分是求职者针对用人单位的需求，详尽、具体地介绍个人的专业特长、业务技能、取得过的成绩等。此外，还可以介绍求职者的性格特点、爱好、艺术特长等，以加深用人单位的印象。

（4）表达愿望和决心。这一部分要用简明的语言，表明求职者被录用后的计划和打算，以及能够给用人单位带来的效益等。例如，“如能如愿，本人定当努力工作”，或“静盼佳音”等。

（五）祝颂语

出于礼貌，在求职信的最后要另起一段，写一两句祝颂的话语或敬语。它有以下两种格式：一种是二行式，即正文后另起一行，空两格写“此致”，再另起一行顶格写“敬礼”。另一种是一行式，正文后另起一行空两格，写祝福的话语，如“祝您事业发达”等。

（六）落款

落款位于祝颂语下方右侧，主要为求职人姓名，并在署名的下面写上成文日期。

【例文 5-1】

求职信

尊敬的贵公司领导：

您好！

首先感谢您给我这次难得的机会，让您在百忙之中抽出时间来看完这封求职信。

我是一名即将毕业的本科毕业生，很荣幸有机会向您呈上我的个人资料。我抱着一种激动而真诚的心情，把这当做是交流和沟通的平台，这可能是我人生中又一次转折，至少会是人生中一次不一般的经历。在投身社会之际，为了更好地发挥自己的才能，谨向各位领导作一下自我推荐。

首先，我想表明一下个人的工作态度。也许是我的工作阅历浅薄，我一直认为工作就是一种学习的过程，在工作中不断地汲取知识。从小父母就教我做事要认真踏实，路是一步一步走出来的，我希望我对工作的认真踏实能让各位领导信任我。我是个感恩的人，各位领导给我的信任，我将用满腔的热情投身工作中，以实际行动回报公司。

美好的大学生活，不仅培养了我科学严谨的思维方法，教会了我系统的专业知识，更造就了我积极乐观的生活态度和开拓进取的创新意识。课堂内外拓展的社会实践、专业技能实验、班干部及社团日常工作、各项文艺活动丰富了我课本外的知识。在不断的学习中养成的严谨、踏实的工作作风和团结协作的优秀品质，使我深信自己完全可以在岗位上守业、敬业，更能创业！

自荐书不是广告词，不是通行证。但我知道：一个青年人，可以通过不断学习来完善自己，可以在实践中证明自己。尊敬的领导，如果我能喜获您的赏识，我一定会尽职尽责地用实际行动向您证明：您的过去，我来不及参与；但您的未来，我愿奉献我毕生的心血和汗水！再次致以我最诚挚的谢意！

最后，恭祝贵公司事业蒸蒸日上，祝您工作顺利！请予以考虑我这个新兵。愿与贵公司携手共筑美好未来！为盼！

此致

敬礼！

求职人：××

××年××月××日

第二节 个人简历

一、个人简历的概念

个人简历顾名思义就是对求职者个人学历、经历、特长、爱好及其他有关情况有重点地进行概述的一种文书。

个人简历是对求职者全面而简洁的介绍，浓缩了个人优势的精华。在当今求职过程中，个人简历是不可或缺的内容，也是获得面试机会的重要因素之一。

二、个人简历的特点

（1）真实性。个人简历往往是用人单位了解、评价求职者的第一份依据，所以求职者不可编造事实、捏造经历，对于介绍的内容都必须真实可信。但在简历中可以选择性的突出自身的强项，并从自身的弱项中找寻可以发光的亮点，这样有利于用人单位对未曾谋面的求职者留下良好的印象。

（2）精简性。个人简历贵在简洁明了，重点突出，能够用精简的话语表述求职者的能力、优势是否符合应聘单位人才需求标准。

（3）针对性。在制作个人简历时，可以事先确定求职目标，做出有针对性的版本，运用专门的语言对不同企业进行求职，做到有的放矢，使得自己的优势、强项与用人单位的条件契合，这样可以更容易得到用人单位的认可，从而得到自己理想的工作。

三、个人简历的种类

个人简历根据形式不同，可分为以下几种类型：

（1）时间型简历。时间型简历是按照学习、工作、培训的时间顺序来罗列求职者的个人经历。这种类型的简历突出个人成长过程中所取得的进步与成就，适用于个人经历较为丰富、个人能力正在不断提升的求职者。

（2）功能型简历。功能型简历突出求职者的个人优势，强调技能、能力、资质以及成就，可在相应的地方对应列举个人的学习、工作经历、取得的成绩、学历或培训经历。这种类型的简历适用于所应聘工作与所学专业或经历关联较少的求职者。

（3）表格型简历。表格型简历就是用表格的形式，清晰明了地列出个人的自然情况、工作经历、求职意向等内容。这种类型的简历适用于工作经历较少的应届毕业生。

（4）创意型简历。创意型简历强调的是“创意”，要与众不同，彰显求职者的个性和标新立异，进而表现出求职者的创造力和想象力。这种类型的简历一般适用于策划、设计等方向的求职者。

四、个人简历的写法

个人简历主要包括以下几个方面。

(1) 标题。标题可以直接写“个人简历”、“简历”，也可在“简历”前加上个人的姓名。

(2) 个人基本情况。这一部分包括个人的自然信息，如姓名、性别、年龄、民族、籍贯、政治面貌、专业、学历、毕业学校、婚姻状况、健康状况、住址、联系方式等内容。

(3) 教育背景。这一部分要写清楚主要学习经历，包括就读学校及专业，同时还要写出学历教育和培训经历。其中学历教育一般以大学教育为主，应列出所学主要课程及成绩。培训经历重点交代培训业务和技术。此外，外语水平、计算机水平资质认证等都要写清楚。

(4) 工作经历。这一部分要写明曾工作过的单位、起止时间、职位、工作性质以及在工作中所取得的成绩等。

(5) 获奖情况。这一部分包括学习、工作期间所取得的荣誉，如“三好学生”、“优秀学生干部”、“专项奖学金”、“先进工作者”等。

(6) 求职意向。这一部分要写明求职者个人所期望的求职方向，或者说明个人具备哪方面技能，适合从事什么样的工作及岗位。

(7) 附件。这一部分是个人相关内容的佐证材料，如获奖证书、资格证书、发表的文章、创作的作品等。

【例文 5-2】

个人简历

姓名：××

性别：女

出生日期：19××-××-××

民族：汉族

籍贯：××

学历：本科

毕业院校：××大学

教育背景

××大学计算机学院计算机科学与技术专业（2006. 9—现在），主修课程：C语言程序设计、数据结构、汇编语言程序设计、计算机算法基础、C++程序设计、操作系统原理、计算机组成原理、计算机系统结构、计算机网络、数据库等。能进行 C++下的 MFC 编程、SQL Server 数据库的操作，熟练掌握数据结构、操作系统、计算机网络等计算机专业课的基础知识。

社会实践

深圳顺佳电器维修有限公司（2008.7-2008.9）：实习生。

计算机学院青年志愿者协会（2006.10-2007.6）：副会长。

参与活动

组织了学院辩论赛，包括策划书、活动布置、比赛程序进行等。

参与组织了中外交流、学术交流、东湖环保等活动。

2009 年 5 月参与学院与平安科技公司合作进行的初级 IT 项目培训计划。

英语能力

大学英语四级，具有良好的听说能力。

自我评价

勤奋踏实，能吃苦耐劳；有良好的团结合作精神；做事情认真负责，绝不轻言放弃。

第三节 述职报告

一、述职报告的概念

述职报告是指各级机关、团体、企事业单位的领导干部或专业技术人员，就自己任职期间，履行岗位职责情况、完成工作任务情况等进行自我总结和评价的书面报告，是实事求是地向上级领导和群众陈述汇报的一种文书。

写好述职报告，不仅有利于促进领导干部的管理工作，而且还有利于上级机关、领导及群众对述职人进行考察和评议。

二、述职报告的特点

（1）唯一性。述职报告是述职人员向特定的对象陈述自己履行岗位职责的情况，任何人都不能代替。

（2）真实性。述职报告是述职者根据实际工作情况进行汇报，也是干部工作业绩考核、评价、晋升的重要依据，所以报告内容一定要实事求是、真实可信，力求全面、准确地反映述职者在所在岗位职责的情况。

（3）严谨性。述职报告是述职者按照国家或单位统一规定的工作标准做的汇报，因此，述职者必须要严肃认真、观点鲜明、用词准确。

三、述职报告的种类

根据不同的标准，述职报告可以分为不同的种类。

根据述职报告的内容不同，述职报告可分为综合性述职报告和专题性述职报告。

根据述职报告的述职时间不同，述职报告可分为任期述职报告、年度述职报告和临时述职报告。

根据述职报告的述职对象的不同，述职报告可分为个人述职报告和集体述职报告。

根据述职报告的表达形式不同，述职报告可分为口头述职报告和书面述职报告。

四、述职报告的写法

述职报告一般由标题、称谓、正文、落款四部分构成。

（一）标题

述职报告的标题有以下几种常见的写法：

（1）直接用文种作为标题，如《述职报告》。

（2）由“任职时间、所任职务和文种”构成。如《××××年至××××年任局长职务的述职报告》。

（3）由正副标题构成。正标题概括述职报告的内容和主题，副标题说明述职者职务及文种，如《以创新为基础，开创××工作新局面——××公司经理的述职报告》。

（二）称谓

称谓是对陈述对象的称呼，位于标题下方，顶格书写，后用冒号。称谓要根据会议性质及听众对象确定。一般有两种常见称谓，一是称呼主送机关，如“××市人大常委会”；二是直接称呼与会听众，如“尊敬的各位领导、全校教职工同志们”等。

（三）正文

述职报告的正文一般由前言、主体、结尾三部分构成。

前言部分主要概述基本情况，为全文确定述职的范围和基调。这部分一般要概述任现职的自然情况，包括职务、任职时间、主要职责。另外还要对自己履职情况进行概括评价，要求简明扼要，不得烦琐。之后，用转接语“现述职如下”、“根据××要求，现将本人在任职期间的任职情况报告如下”等语句转入主体部分。

主体是述职报告的核心部分，要根据个人的岗位职责进行合情合理、有理有据的陈述及评价，一般包括工作业绩、存在问题、努力方向等方面。其中工作业绩要具体详细地写明自己在任职期间开展的工作、取得的成果、收获的经验等，要求实事求是，不可夸大或缩小；存在问题方面，要在陈述业绩的基础上，简略适当地指出履行职责期间的不足、应吸取的教训等；努力方向是指在之前汇报基础上，针对问题提出改进的措施和今后努力的方向，要求要重点突出、切实可行。

结尾主要是述职者对自己工作的评价和总结，表明自己的愿望和态度，请求领导及述职对象的审查评议，可以用惯用语“以上报告，请审查”、“以上报告，请予评议”等结尾。

（四）落款

落款包括署名和日期，在正文的右下方分两行书写，署名在上，日期在下。

【例文 5-3】

述职报告

各位领导、同志们：

现在，我把自己一年来任宣传部长期间的思想工作情况向大会作一汇报，请予评议。

过去的一年里，在市委、市政府的正确领导下，在宣传部一班人的密切配合下，我自觉实践“三个代表”重要思想，认真贯彻执行党的路线方针政策，思想上积极进取，工作上奋发努力，作风上务实创新，生活上从严要求，团结带领全市宣传思想工作者，与时俱进，开拓创新，为推进全市经济社会实现跨越式发展目标提供了良好的思想保证和舆论支持。

一、履行职责情况

1. 寻求突破，深化理论工作。（略）
2. 突出重点，形成经济宣传强势。（略）
3. 整体推进，加强精神文明建设。（略）
4. 发挥优势，大力繁荣文化事业。（略）
5. 整合资源，探索突发事件宣传机制。（略）

二、廉洁自律和廉洁从政情况

一年来，我能自觉遵守中央、省和市有关领导干部廉洁自律和廉洁从政的各项规定，我要求自己做到：

1. 按守则自律。（略）
2. 用制度自律。（略）
3. 以“部长”自律。（略）

三、存在问题和今后的努力方向

回顾检查自身存在的问题，我认为主要有三点：
第一，创新意识不强，工作思路不够活，办法不够多。
第二，拼搏精神不够，工作中缺乏拼劲、钻研，缺少强烈的进取精神。
第三，调查研究不深，深入基层干部群众中较少，对新形势下宣传思想工作遇到的新情况、新问题研究不够。
针对自身存在的问题，今后，我一定要做到增强四种意识，不断改进工作。
1. 进一步增强群众意识。（略）
2. 进一步增强责任意识。（略）
3. 进一步增强大局意识。（略）
4. 进一步增强创新意识。（略）
以上报告，请予评议。

××市宣传部长×××
20××年××月××日

第四节　竞职报告

一、竞职报告的概念

竞职报告也称竞聘报告、竞聘演讲词，是竞聘者为竞聘某一职务或岗位，在竞聘之前准备好的，并在特定会议上向与会者阐述自己竞聘条件、竞聘优势，以及被聘任后的工作设想、打算的文稿。

竞职报告是竞聘者展示自身素质和能力的重要体现，也是竞聘者竞聘成功与否的重要环节，所以每一位竞聘者都应重视竞职报告的写作。

二、竞职报告的特点

（1）竞争性。由于与会评委会对候选人的竞职条件、施政目标、施政构想、施政方案等方面进行比较，所以竞职者应在竞职报告中充分展现自己，突显人无我有、人有我优、人优我特的竞争优势，甚至要巧妙地避开或转换自己的劣势，以便能在竞争中取得成功。

（2）明确性。竞职报告的明确性是指竞聘者要明确针对某一职务或岗位进行竞聘，并以此为竞争目标。在整个竞聘过程中，一切都要围绕既定的目标进行。竞聘者在竞聘过程中使用的材料和运用的方式方法也都要以竞聘成功为目标，所以竞职报告具有明确性。

（3）真实性。竞职报告要真实地反映出竞聘者的能力与才华，不能用夸张、虚浮的语言来粉饰自己，要实事求是，以真才实学、严谨创新来征服评委和群众，因此竞职报告所采用的材料和条件都必须真实可信。

三、竞职报告的种类

根据使用者的不同，竞职报告一般分为以下两种类型。

（1）行政领导职务竞聘。这类竞职报告一般适用于机关、企事业单位中高层领导干部的选聘。

（2）重要业务、技术管理岗位竞聘。这类竞聘适用于机关、企事业单位和技术岗位人员的选聘，如总工程师、部门主管、高级企划人员等。

四、竞职报告的写法

竞职报告一般由标题、称谓、正文、落款四部分构成。

（一）标题

竞职报告的标题一般有三种写法。第一种是直接用文种作为标题，如《竞职报告》；第二种是由竞聘职务和文种构成，如《关于竞聘××处长一职的竞职报告》；第三种是正副标题式，如《长风破浪会有时　直挂云帆济沧海——竞聘校学生会主席的演讲》。

（二）称谓

竞职报告的听众是特定的，所以要根据报告的对象来确定称谓。一般用泛称，如“各位领导”、“同志们”。称谓要顶格书写、有序排列。

（三）正文

竞职报告的正文由开头、主体和结尾三部分构成。

1. 开头

竞职报告开头的写法有很多种，没有固定的写法，但不管哪种写法，都应精彩有力、新颖引人。由于时间的限制，一个好的开头对于竞聘者的最后成功显得尤为重要。

常见的开头方法有以下几种：

（1）诚挚谢意法。这类开头是用诚挚的语言表达自己的谢意，旨在与听众产生共鸣。

（2）简要介绍法。这类开头是简单而艺术地介绍自己的自然情况，旨在调动听众的情绪，引起听众的兴趣。

（3）引用名言法。这类开头是通过引用名人名言来表达自己的愿望，旨在展现竞职者的自信，增强竞职者的吸引力。

（4）阐明主题法。这类开头是竞聘者在一开始就阐明自己演讲的主题，旨在让听众抓住重点，吸引听众的注意力。

2. 主体

竞职报告的主体是全文的核心部分，一般从以下几个方面来写。

首先是基本情况介绍。这一部分要简明扼要地介绍自己的自然情况，让听众对自己有一个全面的了解。

其次是阐明个人优势。这一部分是根据竞聘的岗位，从思想品德、主要特长、已取得的工作业绩等方面展示自己的强项，彰显自己的优势，让听众认为竞职者的确适合该项工作。这一部分的写作切忌面面俱到，报流水账，要简洁清晰，重点突出，并辅以事实和数据。

第三是陈述自己对竞职岗位的认识。这就要求在竞聘前竞聘者对该职位要有认真系统的了解，只有明确了岗位职责，才能进一步明确工作目标，提出施政设想和打算。

最后是提出工作目标和工作方案。这一部分主要是对自己竞聘成功后的工作做一个清晰的阐述，包括工作目标、主要设想、拟采取的办法等。内容要紧紧围绕群众关心的热点、难点问题，阐述要具体明确、条理清晰。

3. 结尾

结尾部分一般是表明态度和表示谢意，要求简明精炼、画龙点睛，能够进一步加深听众对竞聘者的良好印象。结尾一般有以下几种方式：

（1）表达愿望式。即表达竞聘者竞聘该岗位的愿望，期望能够得到认可。

（2）表明态度式。即表达竞聘者参加此次竞聘的感受。

（3）请求支持式。即表达竞聘者的信心，恳请听众的支持和帮助。

（四）落款

竞职报告的落款包括署名和日期，但在报告时并不读出来。

【例文 5-4】

竞 职 报 告

尊敬的各位领导，你们好！

首先感谢公司为我们提供这样一个公开竞聘的平台，给了我一次挑战自我和展现自我的机会。

我今天竞聘的是郊区店面经理一职，我有充分的自信和决心做好这项工作。

首先，自我介绍一下：我叫×××，毕业于××学院计算机科学及其应用专业，辅修商务管理。自2011年11月8日进入我公司以来，已有两年零三个月的时间。伴随着公司一步步的发展壮大，我先后担任过网站程序员、网络部助理、企划部助理等，现任职于运营本部设计中心助理一职。

任职设计中心助理的这一年里，依托公司尽乎完美的平台，协同和带领设计中心设计师于2006年第三财务季度就完成了基本任务，并在最后的一个月里完成了5000余万元的全年目标产值。

我竞聘这个岗位，认为自己有以下几点优势：

一、理论知识

我在校学习的是计算机科学及其应用专业，同时还选修了《管理学》、《经济学》、《市场营销学》等课程。工作中，活学活用使用Excel和数据库知识建立起设计中心的《综合考评体制》等，并且积极参与公司培训、善于思考，不断在工作中总结经验教训，丰富提高自己。

二、实践经验

（略）

三、学习能力

（略）

四、注重团队意识，有强烈的事业心和责任感

（略）

如果这次竞聘中我能够得到公司领导的支持入选，在以后的工作中，我会兢兢业业，踏踏实实，提高自身综合素质，协助各级领导做好各项工作，起到承上启下的作用。

最后，我坚信，在公司领导们的英明指挥下，在公司所有员工的共同努力下，公司一定会又一次攀登上新的巅峰！

竞聘人：×××

20××年××月××日

思考与练习

5-1 假如你是一名即将毕业的大四学生，请为自己制作一份求职信。

5-2 假如你是一名大四学生，请以表格形式制作一份个人简历。

5-3 简述述职报告的内容要素与结构。

5-4 请为参加学院或某一学生社团领导职务竞聘写一份竞聘报告。

第六章　财经文书

第一节　合同与协议书

一、合同的概念与作用

（一）合同的概念

合同也称契约，泛指当事人之间明确相互权利义务关系的协议。《中华人民共和国合同法》（以下简称《合同法》）第一章第二条规定：合同是平等主体的自然人、法人、其他经济组织之间设立、变更、终止民事权利义务关系的协议。《合同法》中的合同专指民事合同，主要是指平等主体间关于财产关系的协议。

合同在我国起源很早，早在两千多年前的周代就已经应用了，那时称为“质要”，即作为一种券契凭证。春秋战国时期，又出现了一种称为“质剂”的凭证，它是一种长短、大小不同的木片，上面刻有文字，当它用于诸侯结盟时称为“约剂”，用于争端、诉讼的证明时称为“傅别”。东汉时，开始把凭证契约称为“契”。唐代时，开始把凭证契约称为“合同”。唐以后直到元明，“质剂”、“傅别”、“契”、“合同”一直混用。到清代只称“合同”、“文契”或“契约”。新中国成立前一般称“契约”，新中国成立以后，逐渐以“合同”一词代替“契约”。

（二）合同的作用

（1）规范作用。合同经当事人之间共同商议、认可签字后，即产生法律效应，对各方都具有约束和规范作用。

（2）保障作用。合同内容不仅确认了各方应尽的义务，而且也明确了各方应有的权益，所以合同签订生效后能够保障当事各方的合法权益。如劳动合同既保障了劳动者的劳动权利和劳动收益，又预防和减少劳动争议的发生，保障了用人单位的权益不受侵害。

（3）凭据作用。在商业信誉出现严重危机的今天，利用合同的方式维护当事人之间的合法权益是行之有效的办法。例如劳动合同，当用人单位违反劳动合同、侵犯劳动者权益时，劳动者就可以以劳动合同为据，通过法律途径获得救助。又如销售合同经营者对商品的介绍、服务的承诺以合同的方式记录下来，当事各方以此为据，就可以减少纠纷，保障交易的顺利完成。

二、合同的种类

合同种类繁多，根据不同的标准有不同的分法。

（一）按形式分

按形式分，合同有条款式合同、表格式合同和条款表格结合式合同。

（1）条款式合同。条款式合同是用文字记叙的方式，把当事人双方协商一致的内容逐条记录下来。根据交易的实际需要，按合同习惯顺序将文字要求的权利、义务关系规定下来。因其没有规定格式的限制，可以随合同的内容及双方当事人的要求随意增减，所以常用于非常规性的业务活动合同的订立。

（2）表格式合同。表格式合同是把某项合同必不可少的相关内容分项设计、印制成一种表格形式，在双方当事人签订合同时，只需把达成的该项协议逐项填写到表格上即可。常规性的业务活动常常采用表格式合同。

（3）条款和表格结合式合同。条款和表格结合式合同是将某项合同中具有共同性的内容用表格形式规定下来，对于某些非常规性的部分则根据双方当事人的协商意见，用条款格式规定下来。这种条款和表格结合的形式，比表格式灵活，可以让合同签订人有更多的选择余地。

（二）按内容分

（1）买卖合同。买卖合同是指出卖人转移标的物所有权于买受人，买受人支付价款的合同。买卖合同的最大特征是一方转移标的物及所有权，另一方支付价款。买卖合同是最基本、最常见的合同类型，也是适用最广、使用最普遍的合同。买卖合同种类中主要有工矿产品买卖合同和农副产品买卖合同。

（2）供用电（水、气、热力）合同。供用电（水、气、热力）合同是指供电（水、气、热力）方向用电（水、气、热力）方供应电（水、气、热力），用电（水、气、热力）方支付价款的合同。这是一种特殊的买卖合同，有特殊的订立和履行要求。

（3）赠与合同。赠与合同是指赠与人将自己的财产无偿给予受赠人，受赠人表示接受赠与的合同。赠与合同是无偿、单方合同，其最大特征是无偿给予。法律也允许附义务的赠与。

（4）借款合同。借款合同是指借款人向贷款人借款，到期返还借款并支付利息的合同。借款合同的标的是货币，借款利率由法律规定。借款合同是有偿合同，借款分为向金融机构借款和自然人之间的借款。

（5）租赁合同。租赁合同是指出租人将租赁物交付承租人使用、收益，承租人支付租金的合同。租赁合同和借款合同一样，内容是转移标的物的使用权。租期六个月以上的合同应当采用书面形式。租期最长不得超过二十年。

（6）融资租赁合同。融资租赁合同是指出租人根据承租人对出卖人、租赁物的选择，向出卖人购买租赁物，提供给承租人使用，承租人支付租金的合同。融资租赁合同实际上是买卖、租赁合同的结合。出租人也是买受人，买卖的标的也是租赁的标的，但出租人作为买受人无权选择出卖人和购买的标的，这由承租人选择。融资租赁合同关系复杂，应当采用书面形式。

（7）承揽合同。承揽合同是指承揽人按照定做人的要求完成工作，交付工作成果，定做人给付报酬的合同。承揽合同的标的是完成一定的工作和交付工作成果，另一方给付报酬。承揽包括加工、定做、修理、复制、测试、检验等工作。

（8）建设工程合同。建设工程合同是指承包人进行工程建设，发包人支付价款的合同。建设工程合同的标的是特定的工程项目，它关系广大人民的生命财产安全，因而对其合同的订立和履行，法律都作了严格的规定。建设工程合同包括工程勘察、设计、施工合同。

（9）运输合同。运输合同是指承运人将旅客或者货物从起运地点运输到约定地点，旅客、托运人或者收货人支付票款或者运输费用的合同。运输合同可分为客运合同、货运合同和多式联运合同，还可分为公路、水运、铁路、航空运输合同。各类合同有各自不同的要求。

（10）技术合同。技术合同是指当事人就技术开发、转让、咨询或者服务订立的确立相互之间权利和义务的合同。订立技术合同应有利于科学的进步，加速科学技术成果的转化、应用和推广。技术合同的标的是科技成果，技术合同的订立和履行具有特殊性。技术合同分为技术开发合同、技术成果转让合同、技术咨询合同和技术服务合同。各类合同有各自不同的要求。

（11）保管合同。保管合同是指保管人保管寄存人交付的保管物，并到期返还该物的合同。保管可以有偿，也可以无偿。保管合同自保管物交付时起成立。保管人应当妥善保管被保管物，不得使用或者许可第三人使用保管物（当事人另有约定的除外）。有偿保管的寄存人应依照约定交付保管费用。

（12）仓储合同。仓储合同是指保管人储存存货人交付的仓储物，存货人支付仓储费用的合同。仓储合同自成立时生效。仓储合同是有偿合同。保管人应妥善保管仓储物并认真履行入库、出库手续。存货人依照约定支付保管费用。

（13）委托合同。委托合同是指委托人和受托人约定，由受托人处理委托人事务的合同。委托合同与委托授权不同，委托合同是双方当事人的合意，委托授权是委托人单方的法律行为。委托合同是典型的劳务合同，委托事项就是劳务，受托人一般要亲自处理委托事务。

（14）行纪合同。行纪合同是指行纪人以自己的名义为委托人从事贸易活动，委托人支付报酬的合同。行纪合同与委托合同不同，行纪合同中行纪人是以自己的名义，进行的是特定的贸易活动；委托合同中受托人是以委托人的名义，委托事项也比较广泛。行纪合同是有偿合同。行纪人占有委托物的，应当妥善保管，行纪人应当依照合同的约定从事贸易活动。委托人应当按照约定支付报酬。

(15) 居间合同。居间合同是指居间人向委托人报告订立合同的机会或者提供订立合同的媒介服务，委托人支付报酬的合同。居间合同与委托合同、行纪合同不同，居间合同中居间人仅仅在委托人与第三人之间起媒介作用和促成双方合同的成立，而不直接办理委托人和第三人之间的事务。委托人应依照约定支付报酬和居间活动所需要的费用。居间人应当就有关订立合同的事项向委托人如实报告并努力促成双方合同的成立，未促成合同成立的，不得要求支付报酬，但可以要求委托人支付从事居间活动所支出的必要费用。

除按形式和内容划分外，合同还可按不同标准分为不同种类，例如：按有效期分，可分为长期合同、中期合同、短期合同；按地域分，可分为国内合同、涉外合同；按双方权利与义务关系分，可分为双务合同（双方都享有权利并承担义务，如买卖合同）、单务合同（仅对一方发生权利、对他方只发生义务，如信贷合同）；按生效条件分，可分为诺成合同（只要当事人的意思表示一致即告成立的合同，如租赁合同）、实践合同（仅有当事人协商一致还不行，必须交付标的物合同才能成立，如借款合同、保管合同）。

三、签订合同应遵循的原则

(1) 合法原则。合法原则是指当事人订立、履行合同，必须符合国家法律和行政法规的规定，合同的形式和内容也必须合法。这样，合同确认的当事人权利义务，当事人才可以享受和承担。

(2) 平等原则。平等原则是指在合同关系中，合同当事人之间的法律地位是平等的，不允许一方将自己的意志强加给另一方。合同的当事人原有的地位有可能千差万别，可能有大小强弱之分，甚至相互间存在某种隶属关系，但是在合同关系中，当事人都是平等的，不允许以强凌弱、以大欺小。

(3) 公平原则。公平原则是指合同的订立和履行以及纠纷的解决都应当公平合理，要求当事人订立合同的机会均等，要公平竞争，反对垄断。合同中所确定的权利义务要公平合理、等价有偿，在承担责任时也应公平合理。

(4) 自愿原则。自愿原则是指在不违反国家法律或行政法规的情况下，当事人有订立合同的自由，即跟谁签订合同、签订什么样的合同，甚至纠纷解决的方法都由当事人自愿决定。

(5) 诚实信用原则。诚实信用原则是指双方当事人都必须真诚善意，互相协作，不允许欺诈，乘人之危或损人利己，更不允许损害社会公益。

四、合同的主要条款

合同的条款就是合同的内容，是指合同的权利义务。合同应当具备的条款，应根据合同的类型和性质而定。

(一) 当事人的名称或者姓名和住所

当事人指具有法人资格的法人单位和具有公民资格的自然人。当事人名称是指当事人依法登记或法定公文所确定的正式称谓。姓名是指自然人在身份证或户籍登记上的现用名。当事人的住所与合同的履行和司法管辖权有密切的联系，不可忽略。

(二) 标的

标的是合同权利义务指向的对象。没有标的，合同不能成立，所以标的是一切合同的必备条款。标的可以是物，如买卖合同；可以是行为，如保管合同、委托合同等；可以是工程项目，如建设工程合同；也可以是货币，如借款合同；还可以是智力成果，如技术转让合同。不管是哪一种标的，都必须具体明确。标的不明确，合同就无法执行。标的条款应写明标的物的通用名称，同时还应注意标的的合法性，国家禁止或限制流通的物品，如淫秽物品、武器弹药、毒品之类不能做标的。

(三) 数量

数量条款是对合同标的量的规定，它是衡量标的的指标，是确定双方权利和义务的重要尺度，也是计算价款或酬金的依据。特别是买卖合同中数量条款是基本的条款，是合同的核心，无此条款，交易就无法进行。数量多少一般以国家规定的度、量、衡为计算单位，不能使用“箩”、“堆”等含糊不清的量词。对数量的基本要求是数字准确，要避免使用“大约”、“若干”、“左右”等字眼。但有些标的数量比较难做到十分精确，就要在确定具体数额的前提下规定标的数量可有一定的超欠幅度、合理的磅差、正负尾差和在途中的自然减增量。计重量的标的还必须明确是毛重还是净重。

(四) 质量

质量是合同标的内在素质和外观形态相结合的综合指标，往往通过标的的名称、品种、性能、规格、样式、型号、包装等体现。确定质量条款时，有国家标准的，按国家标准执行；没有国家标准而有行业标准的，按行业标准执行；没有国家、行业标准的，按地方标准或企业标准执行，或者按协商标准执行。执行国家标准、行业标准、企业标准的，在合同中必须写明执行的标准代号、编号和标准名称；执行协商标准的，除在合同中注明协商内容外，还应共同封存样品，作为验收和处理纠纷的依据。实行抽样检验质量的产品，在合同中也应写明采用什么样的方法和抽样检验的具体比例。对某些干、鲜、活产品，还应根据国家有关规定，商定检验、检疫办法。

(五) 价款或报酬

价款或者报酬通常也称价金。它们都是货币的表现形式，取得标的物的一方向提供标的物的一方支付的代价称为价款，如买卖合同中的货款、财产租赁合同中的租金、借款合同中的利息等。接受劳务、工程项目成果的一方向提供劳务、完成工程项目成果的一方支付的代价称为报酬，如加工承揽合同中的加工费、建设工程合同中的工程价款、运输合同中的运费等。在确定价金时应严格按照国家有关法律和国家价格政策办理。应遵循国家物价管理规定。有国家定价的按国家定价执行，或按物价主管部门规定的价格执行。凡不属于国家定价的产品，应按当事人双方商定的价格执行。要明确价金的数额（包括单价和总价），还要明确计算标准，并规定价金支付和结算方式等。

（六）履行期限、地点和方式

履行期限是当事人实现权利和履行义务的起止时间，是确定合同是否按期履行或延期履行的客观标准，也是确定是否应承担违约责任的依据，它对当事人双方都有约束力。确定合同的履行期限应视具体情况而定，例如，在买卖合同中供方的交货日期、需方支付货款的日期都要明确规定，需要分期分批履行的也要规定具体日期；在建设工程合同中，要明确规定开工、竣工日期、验收日期、支付酬金日期等；仓储合同要规定入库、出库的具体日期、支付保管费的日期等。

履行地点是合同履行的空间范围，即当事人履行义务和接受履行义务的地方，如买卖合同中的交货地、仓储合同中货物存储地点等。由于履行地点直接关系义务和费用，因此必须在合同中具体写明并严格履行。如交货地点“上海”，则不够具体明确，它可以是上海火车站，也可以是上海码头，也可以是上海机场，这样往往会引起纠纷。

履行方式是当事人履行义务的方式，包括交付方式、验收方式和价款结算方式。不同种类的合同，因内容不同，其履行方式也有所不同。如买卖合同中，交付标的物是分期分批，还是一次性交付；是由卖方送达，还是由买方自提，或代办托运。在履行结算义务时，是转账还是现金支付；是分期付款，还是一次性付清等。在我国，结算的方式一般用人民币计算和支付，且通过银行转账或票据结算。

对履行期限、地点和方式做出明确规定，便于合同的履行，同时也是确定所有权、风险转移及判断是否违约的时间和空间界限。

（七）违约责任

违约责任是指当事人违反合同义务所应承担的法律后果。这是促使当事人履行债务，使非违约方免受损失或损失得以补偿的法律措施。合同应明确致损的计算方法、赔偿范围及赔偿限额等，同时还可规定免责条件，但违反法律规定的免责条款无效，如规定免除因违反合同基本义务的责任，免除侵权责任等。对违约责任的追究，可以用支付违约金、支付赔偿金、继续履行合同等方式解决。

（八）解决争议的方法

当事人可在合同中约定解决争议的方法，如是否提交仲裁，由哪个仲裁机构仲裁等。如因违约产生争议，可根据《合同法》第一百二十八条的规定解决："当事人可以通过协商或者调解解决合同争议。当事人不愿和解、调解或者和解、调解不成的，可以根据仲裁协议向仲裁机构申请仲裁……当事人没有订立仲裁协议或者仲裁协议无效的，可以向人民法院起诉。当事人应当履行发生法律效力的判决、仲裁裁决、调解书；拒不履行的，对方可以请求人民法院执行。"

应当指出，《合同法》规定合同条款是一般性条款，并非每个合同都必须具备上述全部条款。合同缺乏其中一个或若干条款，但通过《合同法》补缺性规则能补充当事人之意且无损于公平，合同仍可成立。如违约责任，解决争议的方法甚至价格等。

五、合同的写法

不论是条款式合同，还是表格式合同，其写作格式均由首部、正文、尾部三部分组成。

（一）首部

合同的首部一般应写明下列内容：

（1）标题。标题即合同的名称。可以直接将合同的种类作为合同标题，如"买卖合同"、"借款合同"；可以将合同内容与合同种类结合起来作为标题，如"苹果买卖合同"、"电脑租赁合同"；也可以将合同执行时间与合同种类结合起来作为标题，如"2003年第四季度电脑购销合同"；还可以把签约单位名称加入标题中，如"柳州铁路局货物运输合同"。标题在合同文本中应写在合同首页上方居中的位置，字体要稍大。

（2）合同编号。合同编号位置在标题之下，主要是便于归档查阅。

（3）订约日期。订约日期即签订合同的日期，有的合同将订约日期放在尾部署名的下方。

（4）订约地点。订约地点即当事人双方签订合同的地点。

（5）当事人的名称。在合同标题左下方，分行并列写明签订合同当事人的单位名称及法定代表人或自然人姓名，并在名称或姓名前面注明谁是甲方，谁是乙方。也可在名称或姓名的后面用括号注明甲方和乙方。

（二）正文

（1）引言。引言也称序言，主要写双方签订合同的目的、依据、范围和经过。如"根据我国《合同法》的有关规定，本着互利原则，经双方协商一致，签订本合同。"或"为了……目的，根据《合同法》的规定，经双方充分协商，签订以下条款，以便共同遵守。"引言体现了合同是遵照法定程序并具有法律效用的，是正文的有机组成部分。一般来讲，条款式合同都应有引言部分，表格式合同有的没有引言部分。

(2) 合同条款。该部分是合同的主要内容，是合同的重点，是双方行使权利、享受义务的依据。按照《合同法》的规定，合同应具备以下主要条款：标的、数量和质量条款；价格或酬金条款；当事人的权利与义务条款；履行的期限、地点和方式条款；违约责任和争议的解决方法条款；免责条款，主要写明由于不可抗拒的力量造成合同不能履行或不能完全履行时，当事人的免责事项。此外，只要是双方议定的必要的事项，都可以作为主要条款写进合同。这部分内容的写作，要求表意清楚、全面、具体、准确，符合法规。

(三) 尾部

合同的尾部一般写明下列内容：

(1) 合同的有效期限。

(2) 合同的正本、副本的份数及保管。

(3) 双方当事人的有关情况。这主要包括：

1) 双方当事人签名、盖章。单位合同要签明双方单位全称、法人代表姓名，加盖公章或合同专用章，还要有双方代表人签字。

2) 双方单位住址、电话号码、电报挂号、传真号码、邮政编码等。

3) 双方开户银行、银行开户名、账号。

(4) 签订合同的日期和地点（有的放在首部）。

(5) 附则。有的合同列有“附则”，将有关表格、图纸及其他需要注明的有关事项附于合同后面。

(6) 有关机构鉴证或公证。如果请有关机构鉴证或公证，鉴（公）证机构可在双方当事人情况栏后签署有关意见，并有经办人签名，鉴（公）证机构盖章。

六、撰写合同的注意事项

(一) 签订合同必须合法

(1) 签订合同的内容必须合法。签订合同必须符合国家现行的法律、法令和政策，不能与之相抵触，否则为无效合同。任何违反国家法律、法令和政策的行为，都会给国家和人民利益造成损失，签订合同也不例外。例如买卖合同中的标的物必须是国家允许流通的物品，如果标的物是毒品、文物、武器等，不仅合同不能成立，而且还要受到法律的惩处。

(2) 签订合同的主体必须合法。即合同当事人双方必须具有法人资格，或属于自然人，合同内容不得超越法规允许的范围。如果当事人不具备法人资格或不是自然人，则签订的合同无效。如某厂三车间与某厂供销科签订的合同、某人患精神病期间签订的合同均应视为无效合同，因为“三车间”、“供销科”不具备法人资格，精神病患者不是自然人。

(3) 签订合同的基本程序要合法。合同的签订、变更和解除，都有严格的法律程序。有的合同的签订要依法进行公证；有的合同的签订要经过审批或备案。当事人在订立合同过程中，故意隐瞒与订立合同有关的重要事实或者提供虚假情况，违背诚实信用原则给对方造成损失的，应承担赔偿责任。

(二) 签订合同要深思熟虑，条款齐全

签订合同要严肃认真，稍有疏忽，将会给自己或单位带来经济损失。签订合同前应注意审查对方的法人地位、经营范围、技术能力、生产状况以及履行合同的能力。订立合同应力求做到合同具备严密性、可行性和合法性。特别是构成合同的主要条款必须齐全。主要条款有遗漏的合同，在履行合同时，很容易发生纠纷。如一份进口锦纶长丝合同，由于遗漏订立技术指标，到货检验时发现强力指标太低，无法出证索赔，进货单位只能是哑巴吃黄连，有苦说不出。

(三) 内容要具体，语言表达要准确

合同一经签订，对双方都具有法律效力。为保证合同的严肃性，在签订合同时，合同的内容要具体明确，语言表达要准确周密。例如，有一合同的违约责任这样写：如违反合同就追究违约责任。如何追究，追究谁的责任，责任有多大，都不具体、不明确，一旦发生经济纠纷，违约金额就无法确定。又如“定金”与“订金”读音相同，只有一字之差，但在合同中的作用却大不一样。“定金”是合同担保的一种形式。当事人可以依照《中华人民共和国担保法》约定一方向对方给付定金作为债权的担保。债务人履行债务后，定金应当抵作价款或者收回。给付定金的一方不履行约定债务的，无权要求返还定金；收受定金的一方不履行约定债务的，应当双倍返还定金。而“订金”，又称预付款，它虽然也是在订立合同时规定由一方预先给付另一方一定数额的货币，在合同履行后，订金作为价款的一部分。但订金没有担保作用，在合同不履行时，不产生定金的法律后果，它仅仅对一方当事人按时履行合同义务起一定的资助作用，在合同履行后，它本身即成为应支付的价金的组成部分；若未履行合同，订金应如数退还。

此外，合同的文字抄写也要注意端正清晰，标点使用要正确规范，防止发生差错，引起合同纠纷，造成不应有的经济损失。

【例文 6-1】

房屋租赁合同

出租方：__________，以下简称甲方。

承租方：__________，以下简称乙方。

根据《中华人民共和国合同法》及有关规定，为明确甲、乙双方的权利义务关系，经双方协商一致，签订本合同。

第一条　甲方将自有的坐落在____市____街____巷____号____（小区）____栋____单元____楼____号的房屋____间（套），建筑面积____平方米、使用面积____平方米，类型____出租给乙方作____使用。装修及设备情况：____________。

第二条　租赁期限。租赁期共____个月，甲方从____年____月____日起将出租房屋交付乙方使用，至____年____月____日收回。

乙方有下列情形之一的，甲方可以终止合同，收回房屋：

1. 擅自将房屋转租、分租、转让、转借、联营、入股或与他人调剂交换的；

2. 利用承租房屋进行非法活动，损害公共利益的；

3. 拖欠租金____个月或空置____月的。

合同期满后，如甲方仍继续出租房屋的，乙方拥有优先承租权。

租赁合同因期满而终止时，如乙方确实无法找到房屋，可与甲方协商酌情延长租赁期限。

第三条　租金、交纳期限和交纳方式。甲乙双方议定月租金____元，交纳方式为____支付，计人民币（大写）____元。由乙方在____年____月____日交纳给甲方。先付后用。以后每____个月付款一次，应在付款期末前____天支付。

第四条　租赁期间的房屋修缮。甲方对出租房屋及其设备应定期检查，及时修缮，做到不漏、不淹、三通（户内上水、下水、照明电）和门窗好，以保障乙方安全正常使用。乙方应当积极配合。

第五条　租赁双方的变更。

1. 如甲方按法定手续程序将房产所有权转移给第三方时，在无约定的情况下，本合同对新的房产所有者继续有效；

2. 乙方需要与第三人互换用房时，应事先征得甲方同意，甲方应当支持乙方的合理要求。

第六条　乙方必须遵守当地暂住区域内的各项规章制度。按时交纳水、电、气、收视、电话、卫生及物业管理等费用。乙方的民事纠纷均自行负责。水、电、气底数各是：水____吨，电____度，气____方。

第七条　甲方收乙方押金____元，乙方退房时，结清水、电、气费，交还钥匙后，由甲方退还乙方押金____元。

第八条　违约责任。

1. 甲方未按本合同第一、二条的约定向乙方交付符合要求的房屋，负责赔偿____元。

2. 租赁双方如有一方未履行第四条约定的有关条款的，违约方负责赔偿对方____元。

3. 乙方逾期交付租金，除仍应补交欠租外，并按租金的____%，以天数计算向甲方交付违约金。

4. 乙方擅自将承租房屋转给他人使用，甲方有权责令停止转让行为，终止租赁合同。同时按约定租金的____%，以天数计算由乙方向甲方支付违约金。

5. 本合同期满时，乙方未经甲方同意，继续使用承租房屋，按约定租金的____%，以天数计算向甲方支付违约金后，甲方仍有终止合同的申诉权。

第九条　免责条款。

1. 房屋如因不可抗拒的原因导致损毁或造成乙方损失的，甲乙双方互不承担责任。

2. 因市政建设需要拆除或改造已租赁的房屋，使甲乙双方造成损失，互不承担责任。

因上述原因而终止合同的，租金按实际使用时间计算，多退少补。

第十条　争议解决的方式。本合同在履行中如发生争议，双方应协商解决；协商不成时，任何一方均可向房屋租赁管理机关申请调解，调解无效时，可向经济合同仲裁委员会申请仲裁，也可向人民法院起诉。

第十一条　其他约定事宜。

1. ____。

2. ____。

第十二条　本合同未尽事宜，甲乙双方可共同协商。

本合同一式 2 份，甲乙方各执 1 份。从签字之日起生效，到期自动作废。

甲方（签字盖章）：
身份证号码：
联系电话：
住址：
年　月　日

乙方（签字盖章）：
身份证号码：
联系电话：
住址：
年　月　日

七、协议书

（一）协议书的概念

协议书也写作“协议”，是当事人双方经过谈判、协商后取得的一致意见，即双方意思表示一致的结果。协议书对双方当事人具有约束力，其使用范围很广泛。

（二）协议书的作用与特点

（1）作为正式合同的“前奏”。有些初次建立的或较为复杂的经济关系，需要经过反复多次的谈判、协商才能取得最后的结果。这时，为了表明双方合作的意向，肯定初步洽谈的结果，便于实际工作的开展，往往在正式合同签订前先签订纲要性的协议书。《中华人民共和国中外合资经营企业法实施条例》中就涉及这种协议："本条例所称合营企业协议，是指合营各方对设立合营企业的某些要点和原则达成一致意见而订立的文件。"

（2）作为已订合同的补充或修订。合同签订后，有可能出现下列情况：发现合同某些规定欠妥；出现预料不到的影响合同履行的情况；一方出现履行合同不当的情况，但经过协商对解决办法取得了一致意见，原合同仍可继续执行。在这些情况下，就可以订立协议书，作为原合同的补充或修改。

（3）当做合同使用。随着社会的发展、改革开放的深入，经济事业日益繁荣，经济关系日趋复杂，需要订立合同的地方越来越多。我国的《合同法》只对经济生活中最常见的15种合同关系作了明确具体的规定，凡《合同法》未作规定的领域，都可以用协议书代替。

无论哪一种情况，协议书都具有一定的法律效力，对当事人双方都有约束。就这一点说，它与合同一致。因此，协议书也具有合法性、制约性、对等性、一致性等特点。

（三）协议书的写法

协议书通常包括标题、正文和结尾三个部分。

1. 标题

协议书的标题由"当事人名称+事由+文种"组成，如"新华公司、张渡村关于拆迁补偿的协议"。在大多数情况下，往往省略当事人名称或事由，如"拆迁补偿协议"、"新华公司、张渡村协议"。

2. 正文

协议书的正文包括两方面的内容。

（1）前言。说明签订协议书的原因、目的、依据，如"因为（为了）……经双方协商，特签订本协议"。

（2）主体。协议书的主体部分写明经双方协商达成一致的内容。如果内容较多较复杂，可分条加以说明。协议书不同于合同，合同有《合同法》规定了应包括的一般条款，协议书的内容则没有法律规定，要依靠当事人协商决定。这既提供了更广阔的空间，又提出了更高的要求，所以必须考虑周全。

3. 结尾

协议书的结尾也是生效标志，包括当事人双方签名盖章与签订时间。必要时还要注明住址、电话、传真等；如果协议书有中间人或公证人的，也应签名盖章。

由于协议是一种契约活动，一旦签订，就具有法律效力，因此其内容必须遵守国家法律、法令，符合国家政策要求，任何单位和个人都不能以协议为名进行违法活动。

协议必须遵循平等互利、协商一致、等价有偿的原则。协议必须是出于当事人的真正自愿，在双方自由表达意志的基础上，经过充分协商而达成协议；同时要体现协作的精神，遵循等价有偿的原则，符合价值规律的要求。

【例文 6-2】

合作协议书

甲方：__________

乙方：__________

甲、乙双方本着自愿、平等、公平、诚实、信用的原则，经友好协商，根据中华人民共和国有关法律、法规的规定签订本协议，由双方共同遵守。

第一条　协议范围内，双方的关系确定为合作关系。为拓展市场，更好地、更规范地服务消费者，根据公司的规划，甲方根据乙方的申请和对乙方的经营能力的审核，同意乙方加入__________公司的销售网络。同意乙方在__________省（市、自治区）__________市（地区）__________县（区）__________地点（商场建筑物）（代理、经销、专卖、批发、零售）专属性经营__________品牌__________系列产品。

第二条　订立本协议的目的在于确保甲、乙双方忠实地履行本协议规定的双方的职责和权利。乙方作为单独的企业法人或经营者进行经济活动。因此，他必须遵守所有企业法人或经营者都必须遵守的共同的法律要求，特别是有关资格的规则以及社会的、财务的商业要求。作为一个企业法人或经营者，乙方应就其活动自负一切风险和从合法经营中获利。乙方不是甲方的代理人，也不是甲方的雇员和合伙人。乙方不是作为甲方委托代表，乙方无权以甲方的名义签订协议，使甲方在任何方面对第三人承担责任，或由甲方负担费用，承担任何义务。订立本协议并未授予乙方任何约束甲方或甲方有关企业之权利，甲方对本协议任何条款有最终的解释权。

第三条　有效期从________年____月____日至________年____月____日，由签约日计。除非本协议提前终止，乙方可在协议有效期满前三个月向甲方提出延长协议合作的书面请求，经甲方同意，可以续签《__________合作协议书》。

第四条　乙方有使用甲方授权范围内的商标、商标标识、VIS 形象设计及甲方提供的适当范围的经营技术和商业秘密的权利。乙方具有从甲方指定进货渠道进货并在协议规定的范围内进行销售的权利。具有因甲方提供的产品本身质量问题可无条件退换的权利，但属乙方经营问题则由乙方自理。具有获得甲方所提供的培训和指导的权利。具有独立处理协议约定以外事项的权利。在协议约定的范围内行使甲方所赋予的权利。承担市场物流、组织功能的乙方有权推荐、考核所辖范围内分销商或零售商。但推荐的分销商、零售商必须向甲方申请，签订协议、由甲方颁发证书后方可运营。

第五条　甲方的商标，属甲方所有的知识产权，受国家法律保护。所有相关产品的标识，均属甲方所有。未经甲方事先书面专项授权，乙方不得使用甲方的名称、商标、公司司标等涉及公司知识产权内容、标识进行工商注册、招商、广告等；不得使用甲方提供的标识用于本协议以外的任何交易。乙方承诺不得擅自印刷有关商标、标识及促销广告发布；不得超越本协议所规定的权利范围，擅自制作总经销、总代理、代表处的证书、文件、名片、搁牌、铜牌等进行营业和运作；不得擅自改变统一的形象进行招牌、灯箱和有关标识物的制作和装潢。若乙方违反规定，甲方有权单方面终止协议，乙方除应按规定承担违约责任外，还应赔偿甲方遭受的一切损失。

第六条　如双方因不可抗力，或非双方所能控制或所能预见事件的发生，包括自然灾害、战争、政府行为、社会骚乱等情况而不能履行其业务，本协议的履行可以终止。如果发生不可抗力事件，援引不可抗力的当事人必须在15天内或通讯障碍消除之日起____天内以书面的方式，必要时以传真或电传的方式，立即通知另一方当事人该事件的发生。如果他在上述期限内未能这样做，他将不能继续从本条协议中获益。

第七条　如果产生有关本协议的存在、效力、履行、解释、终止的争议，双方应通过友好协商解决，如果争议发生之日起三个月内通过协商不能解决的，或者任何一方拒绝协商的，则任何一方均可诉请本协议签订地人民法院裁决。

第八条　协议签署地为南京市。本协议一式两份，甲乙双方签字之日起生效。双方各备案一份，复印件无效。乙方兹承认签署本协议，并已阅读及明白本协议所列条款所包含的规定，并同意受其约束。

如果某个条文认为是不适用或无效的，可以在本协议的附加协议中予以更改和修正，该条文不适用或无效不应影响整个协议的效力。同时签署的本协议的附加协议中的更改和修正，与本协议有同等法律效力。

甲　　方：__________	乙　　方：__________
公　　章：__________	公　　章：__________
委 托 人：__________	委 托 人：__________
签订日期：__________	签订日期：__________

第二节 商业广告文案

广告通常是广告主在付费的基础上，将经过科学提炼和艺术加工的商品、服务（劳务）或观念等信息，通过公开的媒体向特定的对象进行传播，以期达到某种特定传播目标和效果的一种活动。

广告有广义和狭义之分。广义的广告指一切为了传播、沟通信息的广告形式，主要有商业广告与非商业广告。狭义的广告专指商业广告。商业广告是以传递经济信息、带来盈利为目的的广告，非商业广告是指除了商业广告之外的其他广告，如社会团体、组织发布的公告、声明、启事，围绕个人活动传递的广告信息等。本节所讲的广告是指狭义的商业广告。

商业广告是商品经济的产物，随着市场竞争的日趋激烈，商业广告发挥着越来越重要的作用。商业广告作为现代多学科的综合体，从策划到制作完毕，往往综合了心理学、传播学、市场营销学、公共关系学、摄影、美学等多学科知识，融合了文字、音乐、图画等多种表现要素。本节所讲的主要是商业广告的文案部分。

一、商业广告的特点

（1）真实性。《中华人民共和国广告法》第三条规定：“广告应当真实、合法，以健康的表现形式表达广告内容，符合社会主义精神文明建设和弘扬中华民族优秀传统文化的要求。”商业广告内容必须实事求是，否则不仅违法，而且会在消费者中失去信誉。

（2）功利性。商业广告的目的是为了盈利，其广告的过程就是说服消费者，影响消费者的购买行为，因此商业广告必须尽最大力量去打动消费者，促使他们购买行为的实现。

（3）创造性。商业广告要引起消费者的注意，必须强调创意。商业广告构思要新颖、不落俗套，商品的个性或形象要独具特色，要从消费者的生理、心理和社会需要出发，调动其感情，为其神经带来“刺激”，从而给他们留下深刻的印象。

二、商业广告的类型

按媒介方式来分类，商业广告可分为报纸广告、杂志广告、广播广告、电视广告、网络广告、路牌广告、灯箱广告等。

按诉求内容的不同，商业广告可分为商品广告和公关广告。

按表达方式分，广告可分为陈述体广告、问答体广告、幽默体广告、诗歌体广告和证书体广告。

三、商业广告文案的写法

在报刊、电视、印刷品上刊登的文字广告，其结构一般包括标题、正文、随文和广告标语4个部分。

（一）标题

标题对广告来说尤为重要，因为80%以上的读者在看广告时仅仅是浏览一下标题，所以必须把广告中最具有吸引力、最能打动人的信息集中在标题上。广告标题一般有以下3种类型。

（1）直接标题。此类标题是用简单明确的语言，把广告中最重要的内容直截了当地告诉受众，如“水木华园，我的公园我的家”、“到孙猴子老家看海去”等。

（2）间接标题。此类标题不直接反映事实或情况本身，而是用耐人寻味的语言吸引读者去阅读正文或更仔细地浏览画面，然后悟出该标题的真正含义，如“从12月23日起，大西洋将缩短20%”、“今年二十，明年十八”等。

（3）复合式标题。复合式标题兼具直接标题和间接标题的双重性质，往往采取引题、正题与副题相组合的形式。引题说明信息意义或交代背景，正题点明广告的主要事实，副题则补充说明正题内容。

1）引题、正题、副题式。

四川特产口味一流（引题）

天府花生（正题）

越剥越开心（副题）

2）引题、正题式。

电影化妆用于生活，自然漂亮更具神韵（引题）

影星美容厅独树一帜（正题）

3）正题、副题式。

免费年检，终生无忧（正题）

空调要像奥克斯（副题）

（二）正文

正文是广告文案的核心部分，它通常选择关键性的、极有说服力的材料来说明标题所要陈述的内容或回答标题所提出的问题。正文的结构一般可分为以下 3 个部分。

（1）引言。这部分要紧扣标题，用概括性的语言，对标题所标明的商品或劳务内容，简略地加以解释或说明，以引出正文的中心。

（2）主体。这部分主要介绍商品或劳务的性能、特点、作用、效果、价格、服务特色、注意事项等内容，提出推荐购买的理由。这部分要突出商品或劳务的优越性和可靠性，要有较强的说服力，能激发大众产生消费动机。

（3）结尾。视广告的具体情况，此部分可写可不写。如果写，要用简短有力、热情而期盼的语言，使受众产生信任感和购买欲望。

广告正文的写法也有各种体式，主要有以下几种：

（1）陈述体。这种体式是开门见山地介绍商品的名称、特点、用途、功效等情况，用事实说话，平实、可信，适用于优质商品和新产品的宣传。这种体式还可用浅近的科学理论或常识来说明商品的效用，为消费者认识、鉴别商品提供有关知识。

（2）布告体。这种体式类似于启事的写法，所以也称启事体。在报刊上经常见到的开业启事、业务声明、商品交易会、看样订货会、商品的展销或试销，以及院校的招生简章或有些单位的招聘启事等，均属此种体式。

（3）证明体。这种体式是指为传递广告所要表达的内容，证明产品或服务（劳务）的可靠有效，将权威方面的鉴定、奖评结果或者各界知名人士、专家、学者、典型用户的赞美辞令作为依据写成的文案。其所采用的证明材料必须是真实的。

（4）对话体。这种体式是将广告内容通过对话方式表达出来，一般以广播和印刷品为媒体，以口语为主，显得生动自然。

（5）论说体。论说体以说理、议论为主要表达方式，其特点是以概念判断、推理为主要形式，以事实或公认理论为依据阐明道理。这种体式以充分的论据、雄辩的事实来说服消费者选购广告商品或服务。

（6）文艺体。文艺体指运用文艺形式如诗歌、散文、故事、戏剧、曲艺、相声等来写作文案，其偏重形象思维，融合记叙、描写、抒情、说明等表达方式来对产品或服务（劳务）进行形象化的宣传。语言生动形象，富有文采，既可以塑造一定的人物形象，也可以设计故事情节。总之，这种体式是利用各种文学的手段来感染受众。

（三）随文

广告的随文就是广告的落款，其内容包括：厂（商）名、地址、电话、联系人、销售地点、购买方式和手续、银行账号等内容。这些内容尽管不必一应俱全，但主要项目不可缺少，以便消费者联系。

（四）广告标语

广告标语也称广告口号，是一种鼓动性的口号，是某一特定商品在一段时期内反复使用的商业宣传用语。它的目的是使消费者建立一种观念，用以指导他们选购商品或劳务。良好的广告标语能够强化消费者对企业经营特点或商品优良性能的记忆，以达到广为传播的目的，如“钻石恒久远，一颗永流传”、“车到山前必有路，有路必有丰田车”、“我的地盘，我做主”等。

在实际应用中，不一定每则广告都由以上4部分组成，要根据商品特点、广告媒体、资金数量以及受众特点来灵活选择。如报纸、杂志、印刷品广告尽管各种构成部分比较齐全，但一般没有广告标语；电视、广播广告一般没有标题；路牌广告因以图画为主，所以经常会将标题、正文、标语合一；霓虹灯广告又会将标题与正文合一。

【例文 6-3】

××传媒，中国楼宇视频网络领航者

聚阵高飞，网开天下

××传媒是一家极具创新力的综合性媒体集团，宗旨是在全国范围内营建媒体网络，发展至今，已成大雁高飞之势，成为集多种媒体开发、经营、管理的综合性媒体专业机构。

××传媒在全国高档商务楼宇、高档公寓、高尔夫球场、机场等铺建了全国性视频传播平台，日接触目标人群3000万人次，成为除电视、电台、报纸之外全国强势目标媒体平台之一。

公司名称：××传媒（中国）控股有限公司

地址：上海××路××楼

邮编：××××××

电话：××××××××

第三节 商业计划书

一、商业计划书的概念与作用

商业计划书（Business Plan，习惯简称BP）也称作商业策划书，是公司、企业或项目单位为了招商融资及其他发展目标，向投资人或相关利益者全面展示公司和项目目前状况及未来发展潜力的书面材料。商业计划书有相对固定的格式，它全面反映了投资商感兴趣的内容，包括企业成长经历、产品服务、市场状况、营销状况、管理团队、股权结构、组织人事、财务状况、运营状况、融资方案，从而说服他们支持并参与合作。

商业计划书是沟通工具，用以介绍企业及项目的价值，从而吸引投资、信贷、员工、战略合作伙伴，或包括政府在内的其他利益相关者。撰写商业计划书的过程，也是把拟定的项目推销给投资者的过程。一份好的商业计划书应该包括以下内容：

（1）面临的契机。

（2）把握这一机会的进程。

（3）所需的资源。

（4）风险和预期回报。

（5）行动建议。

（6）行业趋势分析。

此外，商业计划书还能帮助把计划中的风险企业推销给风险投资家，它的主要目的之一就是通过招商融资，谋求更大发展。

作为管理工具，商业计划书可为企业的发展定下较具体的重点和方向，从而使员工了解企业的经营目标，并激励他们为共同的目标而努力。因此，商业计划书及其内容实质上是在企业自身战略思维与观念指导下所形成的较为规范的商业文本。从战略管理的过程分析，这一文本构成了战略分析的一个重要组成部分。

作为承诺工具，在企业和投资人签署融资合同时，商业计划书往往作为一份合同附件存在。当管理人完成或没有完成商业计划书中所约定的目标，投资人和企业家之间将相应地在利益上进行重新分配。此外，在辅助执行公司内部管理时，商业计划书也是一个有效的承诺工具。在上级和下级就某一特定目标达成一致后，商业计划书就记录了他们对目标的约定。这样的约定，将成为各类激励措施得以实施的重要基础。

二、制订商业计划书前的准备工作

（1）前景设计与构思。列出必要的提纲，内容包括设想中的 1~3 年的项目前景，未来员工的人数，以什么样的产品或服务提供给什么样的对象，销售额、利润及资产规模等。

（2）市场调查与定位。确定项目前景后，进行市场调查以了解市场的需求并定位。主要内容包括顾客的需求状况和满足顾客需求的方式，产品或服务及其是否有替代品，市场对这些产品或服务的需求是长期还是短期的，自己是否是最佳供应者。

(3) 财务预测。预测未来五年内每月收支情况及年度收入额和支出额等，其中第一年是按月度长度来预测。以预测的结果为基础，编制预测的资产负债表、利润表和现金流量表。同时，对于不确定性与风险要加以考虑，进行财务的敏感性分析。

(4) 制订营销计划。内容包括促销目的及怎样开展促销活动，对象客户群及采用什么方式让客户了解自己的产品，服务营销方式及营销渠道的设计与建设，价格政策与代理商管理等。

三、商业计划书的基本结构和内容要求

(一) 前置部分

商业计划书前置部分包括保密协议和摘要。因为商业策划书涉及公司下一步发展的战略，所以签订保密协议尤其关键。因为商业计划的泄露，有时会给企业带来致命性的打击。商业计划书的摘要包括公司名称和联系方法、业务类型、公司概况、管理人员、业务竞争情况、资金需求量、财务状况、投资出路、投资后的公司股本结构等内容。

(二) 主体部分

(1) 公司（项目）概述。这部分主要包括公司（项目）的名称、技术领域、技术特点、创新要点、应用领域、产品市场等。

(2) 公司基本情况。这部分主要包括公司的名称、性质、注册资本、总投资额、经营范围、地址，公司股本结构和股东情况、公司组织结构，经营管理团队介绍。

(3) 技术、产品或服务。这部分主要包括技术背景、知识产权情况，主要技术人员介绍（如学历、专业、工作经历、主要成果及与公司的关系），技术水平、技术创新点（在不泄露商业秘密的前提下，尽可能说明本项目的基本原理、技术创新点、创新程度、创新难度以及需进行研发的问题等），产品或服务介绍，产品的生产制造方案、工艺路线及主要设备，环境保护和劳动安全情况。

(4) 市场竞争与市场营销。这部分主要包括项目所属行业的特点、现状及发展趋势，竞争状况、主要竞争者、本项目竞争优势及其产品市场定位，市场营销策略、销售渠道、销售目标，产品服务支持。

(5) 公司发展战略。这部分主要包括未来研发计划，公司发展理念、思路、步骤，公司激励与管理制度，公司总体发展目标与阶段目标。

(6) 财务计划与经济效益。这部分主要包括至少三年的资金筹措与使用计划，至少三年的经营管理成本估算，至少三年的销售收入、利润总额、纳税总额预测，基本财务指标分析（如投资回报率、内部收益率、现金流量等）。

(7) 创业风险分析。这部分主要包括可能的风险因素（政策、管理、技术、

市场、人才、知识产权、财务、融资等方面）、风险控制（针对风险因素拟采取的对策）。

四、商业计划书的写作技巧与注意事项

编写商业计划书的直接目的是为了寻找战略合作者或风险投资人，其篇幅要根据企业（项目）的自身情况而定，既不能过于繁琐、面面俱到，也不能过于简单、忽略重点。一般而言，项目规模越庞大，融资竞争越激烈，商业环境越复杂，不确定性因素就越多，商业计划书的篇幅也就越长。如果企业的业务单一、管理层出色、市场竞争相对平和，那么商业计划书就可以简洁一些。大体来说，编写一份商业计划书的要点就是：关注产品、敢于竞争、充分市场调研、广泛收集资料、表明行动方针、展示管理团队、良好的财务预测分析、出色的计划概要等。

近年来，随着中国投资行业向国际资本市场的开放及中国近几年投资行业的高速发展，很多项目的各异性也越来越明显，这使商业计划书的编写格式有了一定的变化，不再仅仅是按照传统的标准来编制，而是要根据不同的项目和项目特点，来重新设计商业计划书的撰写步骤及章节侧重点。此外，不同的投资方，尤其是不同国家的投资者对商业计划书的阅读习惯也不尽相同，这使商业计划书更需要专业人员来撰写。所以，在编写商业计划书以前必须明确项目特点、写作的侧重点和目标读者。对于外资投资公司，商业计划书首先要尊重他们对商业计划书的要求，一般提供英、汉各一份同内容的商业计划书，遇到英汉互译有歧义的，以参考汉语为准。

文字版本商业计划书的结构层次要求如下：

一、××××　　一级标题，2 号黑体，空两格写；
（一）××××　　二级标题，3 号黑体，空两格写；
1. ××××　　三级标题，3 号楷体，空两格写；

正文用 4 号宋体，纸型统一用 A4 纸，左侧装订，页边距为上 26cm、下 26cm、左 30cm、右 20cm。

【例文 6-4】

苏州××电子股份公司商业计划书

项目地域：苏州
报告用途：融资
商业计划书项目简介：

苏州××电子股份有限公司是一家处于创始阶段的公司，其法定经营形式是股份有限公司。本公司目前主要代理销售××网络技术有限公司生产的××双栈核心的××系列路由器，同时，可以满足包括电信运营商、大型企业，以及金融、财政、税务、政府、教育、公安等各大专业用户在内的网络需求，也可为小型分支机构或中小型企业提供应用灵活、高性价比的解决方案。

我们的主导产品是××系列××双栈路由器。××双栈核心路由器××是目前国内独一无二的，××系列××双栈路由器也是国内率先完全通过信息产业部入网测试的核心路由器。

根据信息产业部研究结果显示，到2015年，该市场将会发展到150亿元。我们希望在此期间市场中的竞争局面应是维持发展。影响这种变革的主要力量来自第五代互联网的过渡完毕以及计算机应用越来越普及。

我们的市场定位是发展大型网络运营商、政府部门、教育部门等具有特殊要求的单位的网络产品。在过去的几年中，这个市场已经处于发展状态当中。网络产品研发专家××博士预测，该领域未来三年的产值为20亿元。

最有发展前景的区域是支持第五代互联网市场的IPV6路由器产品。

苏州××电子股份有限公司由于自身所具有的优势，最有能力使支持第五代互联网市场的IPV6路由器产品与我公司的灵活多变的销售渠道相互合作，共同打入现有的销售行业中。这种合作具有产销结合提高效率和效益的优势。

商业计划书融资需求：

××电子股份公司正在寻找500万元的风险投资，主要用于未来2年本公司的发展。初期投资将用于完成开发任务。资金使用明细如下：

完成开发项目：100万元；

购买设备：100万元；

流动资金投入：300万元。

第四节 市场调查报告和市场预测报告

一、市场调查报告

市场调查报告一般简称为“市场调查”，是记录市场调查成果的一种经济应用文。它通过对市场调查获得的情报资料进行整理、分析、归纳，得出恰当的结论，提出合理化建议，从而为经济活动提供重要的依据。

市场调查报告离不开市场调查工作，在写作报告之前，一定要做好市场调查研究工作。要根据确定的调查目的，进行深入细致的市场调查，掌握充分的材料和数据，为撰写市场调查报告打下坚实的基础。

（一）市场调查报告的特点

（1）真实性。市场调查报告一定要从实际出发，实事求是地反映出市场的真实情况。不夸大，不缩小，用真实、可靠、典型的材料反映市场的本来面貌。

（2）科学性。市场调查报告要根据主旨的需要对调查所获得的材料进行严格的鉴别和筛选，并运用科学的方法，进行分析研究、推理判断，从而得出有价值的结论。

（3）时效性。市场调查报告是对市场的及时反馈，而信息化时代的市场瞬息万变，因此市场调查报告必须对市场变化迅速作出快捷的反应，这样才能显示其价值。

（4）针对性。一是指调查报告内容具有针对性，即每一篇调查报告都是为了说明或解决一个问题；二是指调查报告阅读对象具有针对性，即每一篇调查报告都有明确的阅读对象。每一篇调查报告都必须具有这样的针对性，否则就会出现盲目性。

（二）市场调查的内容

（1）市场需求情况。主要内容包括产品销售对象的数量与构成，消费者家庭收入水平，实际购买力，潜在需求量及其购买意向，如消费者收入增加额度、需求层次变化情况，消费者对商品需求程度的变化、消费心理等。

（2）市场供给情况。主要内容包括商品资源总量及构成、商品生产厂家有关情况、产品更新换代情况、不同商品市场生命周期的阶段、商品供给前景等。

（3）商品销售渠道。主要内容包括渠道种类与各渠道销售商品的数量、潜力，商品流通环节、路线、仓储情况等。

（4）商品价格情况。主要内容包括商品成本、税金、市场价格变动情况，消费者对价格变动情况的反应等。

（5）市场竞争情况。主要内容包括竞争对手情况，竞争手段，竞争产品质量、性能、价格等。

（三）市场调查报告的写法

1. 标题

市场调查报告的标题应概括全文的基本内容，做到准确、简洁、醒目。常见的写法有以下几种：

（1）公文式标题。这类标题通常是“调查范围+调查对象+调查内容+文种”，如《关于进口彩电在××市场销售情况的调查报告》、《××市大学生消费情况调查》。这类标题既指明了调查对象，又概括了报告的内容，比较简明、客观，但显得平淡，缺乏生动性。

（2）新闻式标题。这类标题或直接揭示调查结论，或直接提出问题，或直接做出判断或评价，如《绒制品在南京市场热销》、《××牌彩电为什么滞销》、

《独特的松下经营管理》。这类标题鲜明、生动、一针见血，既提示了调查的中心，又自由活泼，比较吸引人。

(3) 复合式标题。这类标题又可分为两种形式。一是主标题和副标题的形式：主标题，揭示全文的主题，表明作者的主要观点或基本印象等；副标题，表明调查的范围、对象、内容、文种等，如《泥巴换外汇——陶瓷品出口情况的调查》、《“皇帝的女儿”也“愁嫁”——关于舟山鱼滞销情况调查》。二是引题和主标题的形式：引题，交代背景、说明信息的意义等，如《社会对出版界的期望——好书要快出多出，书号绝不能卖》。复合式标题综合了多种标题的优点，是市场调查报告经常采用的标题形式。

2. 前言

前言也称导语、引语、总述，即市场调查报告的开头。前言部分要求紧扣文章的中心或主题，为主体内容的展开做好准备。它具有提示、概括全文的作用。前言的写法因其内容的不同、表现主旨的需要而有所不同。但不管哪种写法，其共同要求是：用概括的文字，为主体的展开作必要交代与铺垫，务求言简意赅。也有部分调查报告不写前言，起笔就直接进入主体部分，或者前言与主体部分合写。

3. 主体

主体部分是调查报告的核心部分，一般包括三方面的内容。

(1) 基本情况。基本情况，就是对调查结果的描述与解释说明。市场调查报告是一种靠事实说话、用事实明理的文章，因此必须以叙述为主，通过叙写一系列具体情况和典型事例来反映事物的面貌。对调查情况的介绍要详尽而准确，对于经济运行的具体情况，要有调查数据，其表述可用叙述与图表相结合的方式。从结构上来看，这部分可以按照时间顺序、问题的性质或者问题的类别实事求是地加以表述。

(2) 分析或预测。即对所收集的资料进行分析、比较、综合，得出规律性的认识和正确的结论，并通过分析研究，预测市场发展的趋势。市场调查报告虽然不以预测为重点，但很多报告的资料分析，都暗含对市场前景的判断。

(3) 建议或措施。在分析或预测的基础上提出切实可行的建议或措施。建议或措施要具体、具有针对性和可操作性。

以上三个方面内容以基本情况为中心，其他内容可省略，也可略写。这三方面内容实质涵盖了材料和观点两个内容，而材料和观点的组合方式通常有三种类型：一是先叙述事实、摆出材料，然后概括归纳观点；二是先提出观点，然后运用材料加以说明；三是边叙述事实，边发表见解，夹叙夹议。

4. 结尾

一般有前言的市场调查报告，都要有结尾与前言互相照应。市场调查报告的内容不同，结尾形式也有所差别：有的总结全文，深化主题；有的照应前言，点题作结；有的展望前景，催人奋发；有的提出建议，供人参考；有的交代事物产生的影响或群众的意见，反映或概括说明调查结果。无论哪种形式，结尾都必须做到简洁有力，切忌拖泥带水，画蛇添足。如果主体部分写完之后，内容已经表达得很圆满，也可以不再写结语。

二、市场预测报告

市场预测报告是反映市场调查与预测的分析、研究过程及其判断成果的一种书面报告。市场预测报告离不开市场调查与预测，它必须在深入进行市场调查研究的基础上，根据各种市场信息和资料，运用预测的理论、方法和手段，对未来市场商品供需发展的趋势和前景做出分析、测算和推断。

一份有价值的市场预测报告，对于上级经济主管部门制定正确的经济决策；对于生产经营部门合理使用资金、资源、技术力量，调整生产结构，深化内部改革；对于指导社会走上健康的消费轨道，引导社会流动资金向正确的方向投入；对于经济理论和经济决策研究的提高等，都具有十分重要的意义。

（一）市场预测报告的特点

（1）预见性。市场预测报告以预见未来市场状况为主要写作内容和写作目的，它虽也分析、研究预测对象过去和现在的种种情况，但不是以反映历史和现状为目的，而是通过对大量具体现实材料的归纳、分析、推理、判断，科学地揭示预测对象未来发展变化的趋势，准确预见未来的前景。

（2）科学性。市场预测报告是用来反映未来市场需求信息，为有关部门或企业制订经营决策提供咨询服务的，因此，它必须依靠科学的方法来分析研究，在占有详尽的信息资料的基础上，经过严密的推理和科学的运算，得出结论，从而保证预测结果的科学性和精确度。

（3）综合性。市场预测报告是一种综合性很强的文体，它不仅要运用时间序列法、指数函数法、统计表法、集合意见法等多种预测方法，而且还要运用经济学、市场学、统计学、社会学等多种学科理论知识，是经济、政治、文化、技术等诸多领域种种现象和资料的综合反映。

（二）市场预测报告的类型

市场预测报告按照不同的角度，可以划分出多种类型。

按预测的内容分，市场预测报告可分为市场需求量预测报告、市场价格预测报告、商品资源预测报告、市场占有率预测报告。市场需求量预测报告主要是针对商品的质量、种类、规格的产销预测，它力求深入地研究影响商品销量变化的环境、季节、顾客群、商业企业的知名度和信誉度等多种因素。市场价格预测报告主要通过生产成本、价格政策、货币流通和供求关系等方面因素的分析，预测商品价格的浮动变化。商品资源预测报告是对进入市场的商品资源总量及其构成的各种具体商品市场可供量的变化趋势的预测，其预测项目有生产所需要的原料、能源的来源和供应保证程度，生产能力、技术、设备、品种、数量、供应渠道，水源、资源、交通条件等。市场占有率预测报告以商品的市场占有率为预测对象，预测商品未来市场前景，为企业制定生产经营计划、销售措施提供依据。

按预测的时间分，市场预测报告可分为长期市场预测报告、中期市场预测报告和短期市场预测报告。长期市场预测报告指反映预测对象 5 年以上时间发展前景的市场预测报告。中期市场预测报告指反映预测对象 2~5 年时间内发展变化趋向的市场预测报告。短期市场预测报告指反映预测对象 1 年之内发展变化趋势的市场预测报告。

按预测范围的大小划分，市场预测报告可分为宏观市场预测报告和微观市场预测报告。宏观市场预测报告指对一个国家、一个地区或一个部门某一类或几类商品的总体市场供需状况进行分析和推断的市场预测报告。微观市场预测报告指对一个局部、一个企业或某一种商品的市场供需进行推算和判断的市场预测报告。

（三）市场预测报告的写法

1. 标题

（1）论题式标题。此类标题即“预测期限+范围+对象+内容+文种”，如《2012—2016 年北京市家用轿车需求量预测报告》。其中，文种“市场预测报告”可以省略为“预测”、“趋势”、“展望”等字样，如《2012 年世界股市展望》。有时，也可根据内容的需要取舍，省略标题中的一些项目，如《电信资费调整预测》。

（2）论点式标题。即在标题中直接亮明观点，突出主题，如《拍卖市场将进入调整期》、《未来五年汽车消费仍将是我国的消费热点》。这类标题本身就是高度浓缩的市场信息，十分醒目。

（3）正副标题。正标题用于说明作者的观点、看法或者印象，副标题用以点出预测的对象、期限、文种等，如《国产合资进口产品三分天下——降低关税后的家电市场走势预测》。

2. 前言

前言部分独立成段，文字上要求高度概括，简明扼要，或揭示本报告的主要内容和预测结论，或陈述预测目的与写作动机，或介绍预测方法、时间、地点、对象、范围等，或概括介绍预测对象的总体情况，还可以三言两语就预测内容提出问题，以引起读者的注意。有时也可以不要前言。

3. 主体

这是市场预测报告的核心，一般包括以下 3 个方面内容。

（1）介绍历史和现状。围绕预测目标，根据预测对象和预测目的的需要，从调查中得来的有关历史和现状的大量材料中选择有典型意义的、有代表性的数据资料和客观事实作简要陈述和说明，并对能够影响预测对象发展变化的有关因素进行必要的分析，以便为下一步预测未来的发展趋势和提出对策与建议提供事实根据。这部分内容一般采用文字叙述的方法加以介绍，如果内容需要也可以运用数据、表格、附图等帮助说明。无论是文字还是表格，都要做到资料翔实、据准确。

（2）预测。这部分是预测报告的核心部分，是在对数据资料、客观事实进行计算、分析的基础上，从中揭示市场发展变化的趋势和规律。它应包括预测过程和预测结果，行文中必须将整个分析推导的过程充分地展示出来，以增强预测的可信程度和说服力量。预测结果体现在定性、定量、定时、概率四个方面。定性是指即将发生什么事件；定量是指这一事件活动水平有多大等数量方面变化的可能性；定时是指这一事件将在什么时间发生；概率是指发生这一事件的可能性多大。

预测部分的内容较多时，应该注意精心安排，要考虑各部分内容之间的逻辑关系，做到层次分明、条理清楚。

（3）提出对策和建议。即根据预测结果提出的对策和建议。对策和建议是作者依据预测提出的建设性意见，虽然有现状和预测作依据，但更多的是作者主观意图的表述，只能作为决策的参考，不是决策依从的证据，在文章里，处于次要的地位。

这三部分内容有相对的独立性，但又难以截然分开，它们紧密结合，形成了一个完整的统一体。从各自涉及的内容和表达方式看，现状是经济工作过去和现实活动的情况、规律、经验的总结，是以记叙方式写成的总结文章；预测是对情况综合分析得出的结论，是通过一系列论证形成的议论文章；建议是供决策的意见，是以说明方式写成的决策方案。在具体的写作过程中，有时可将三方面内容分开叙写，有时也可穿插进行，有时可以把历史和现状同预测发展趋势结合起来分析，有时也可以将预测趋势同提出对策、建议融合在一起。

4. 结尾

市场预测报告的结尾写法较自由，或指明努力方向、未来前景；或分析预测误差，说明预测的效度；或不写结尾。

思考与练习

6-1 招标投标应遵循的原则是什么？

6-2　订立合同应遵循的基本原则是什么？

6-3　商业计划书的基本结构和内容要求是什么？

6-4　市场调查报告的特点有哪些？

6-5　请根据商场调研情况，撰写一篇关于某商品的市场调研报告。

6-6　简述可行性研究报告的结构与写法。

第七章 日常文书

第一节 消 息

一、消息的概念

消息也称新闻。新闻这一概念有狭义和广义之分。狭义的新闻单指消息；广义的新闻指消息、通讯、报告文学、特写、评论等。消息是用概括的叙述方式，以简洁的文字迅速传播新近变动的事实，包括新近发生的事实、某些将要变动的事实。它是目前最广泛、最经常应用的一种报道形式。新闻是指报纸、电台、电视台、网站经常使用的记录社会、传播信息、反映时代的一种文体。

二、消息的特点

消息要用较小的篇幅、简练的文字来叙述事实、传达信息，要求内容集中、言简意丰。

（1）及时性。消息在反映现实的速度方面居于各种文体之首，时效性强是消息的突出特点。它必须迅速及时地把最新的事实报告给读者，延误了的信息就失去了新闻价值。无数事实表明，在当今世界，同一重要事件，不要说迟发一天半天，就是迟发几小时、几分钟，我们的消息便会在竞争中失利，在舆论上遭受不应有的损失。反之，我们讲究消息的时效性，就能在竞争中赢得主动权。

（2）真实性。真实性是消息最基本的特征。消息必须完全真实地反映客观事实，用确凿的事实来教育影响读者，绝不允许虚构和添枝加叶。

（3）准确性。无论是构成消息要素的时间、地点、人物、事件和结果，还是所引用的背景材料、数字，都要完全准确可靠。

（4）新颖性。写消息时要在选择题材中下工夫，从比较中发现什么才是新的事实、新的成就、新的经验、新的见解、新的问题。作者要有敏锐的眼光，要了解全局性的情况，要占有资料，要做有心人。写出的消息，力求具有一定的思想性，以便能给人以启迪。有些事情，尽管事实不是那么新鲜，但有意义，那就要选择新的角度加以报道。

（5）简洁性。消息以语言简洁为上乘，要珍惜每个字，推敲每句话，力求字字句句都载有尽可能多的信息。要用凝练、传神、明白如话的文字，去点拨新闻事实，让读者品味、领略消息中所包含的丰富的内容。

三、消息的种类

消息可以从不同角度进行分类。

按报道的题材和内容来分，消息可分为政治消息、经济消息、科技消息、文教消息、社会消息、军事消息和体育消息等。

按报道对象来分，消息可以分为人物消息、会议消息、成就消息、参观消息、节日消息等。

按报道范围来分，消息可以分为国内消息、地方消息、国际消息等。

按写作体裁、写作特点来分，消息可以分为动态消息、综合消息、特写消息、经验消息和述评消息。

（1）动态消息。动态消息是快速报道国内外刚发生的、将要发生的、正在发展的事物动态。国际国内的重大事态，各个领域的新事物、新成就，都可以及时报道。大量的、连续的动态消息构成现实生活丰富多彩的画卷。动态消息又可分两类：一是连续性报道，一天一报，汇集起来便成了一件事物的完整过程。如《光明日报》从1998年6月16日开始以《爱民，一诺千金》为题，连续报道哈尔滨市东莱派出所“爱人民，讲奉献，保平安”的先进事迹。二是不连续的，事件本身就很完整，如《阿尔法磁谱仪运行正常》。

（2）综合消息。综合消息反映某些全局性的动向、成绩、教训等，报道面较广，声势较大。它可以围绕一个中心报道许多有关的动态，还可以把一个地区或一个部门同类事实综合在一起加以报道。这类消息要有分析、有归纳、有综合。例如1998年6月17日《光明日报》刊登的《下岗当自强，再创新天地》（贺劲松）就是报道国企下岗职工再就业先进事迹的综合消息。

（3）特写消息。特写消息是用电影特写镜头的手法写的一种新闻，往往集中描写重大事件的重要场面，或某件事的重要片断，语言形象生动，如《世界杯足球盛典落幕》。

（4）经验消息。经验消息也称典型报道，是对一些具体部门、单位开展工作取得成功经验的报道。这种消息通常要介绍情况、反映变化、归纳做法、总结经验，从事实发展过程中找出一些规律性的东西，提供借鉴，推动工作。

（5）述评消息。述评消息也称评述消息，是夹叙夹议即报道和评论相结合的新闻体裁。当人们对当前的事态不理解时，在报道事态发展的过程中需要评论，帮助人们提高认识；当事件告一段落或发生转机时，也需及时地认清形势总结规律。述评，就是摆事实，讲道理，提出问题，解决问题。述评消息包括时事述评、事态述评、工作述评、思想述评等。

四、消息的写作要求

（1）培养新闻敏感。能否把握新闻价值写出好的消息，关键是在消息写作之前，能否鉴别正在发生或进行的事件是否具有新闻价值。这一方面要通过加强平时的学习，包括政治学习和新闻业务学习，来提高新闻理论水平；另一方面要强化新闻实践，通过观察、思考，深入现实生活进行多角度、多层面的采访，挖掘出事件本身的现实意义。

（2）熟悉消息写作的结构要素，既要全面把握，又要灵活运用。在写消息时，不可忽视新闻的要素，即在一条消息里应体现新闻事件中的要素——时间、地点、人物、事件的起因、经过、结果。对于新闻工作者来说，应时时树立这样的一个新闻意识，就是针对具体的新闻事件首先应把握主要的新闻要素，然后再思考如何在消息稿中恰到好处地表现这些要素。表现这些要素，既可以全面体现，也可以部分体现；既要在新闻的标题、导语、主体中体现，也可以在结尾和背景材料中体现。

（3）主题集中，中心突出。消息的文字简短，主题集中，写作时不能拐弯抹角，更不能枝蔓丛生，一定要主题思想集中，中心突出。只有集中到一个思想或一个问题上进行选材和写作，才能在有限的篇幅里把所要报道的事实写清楚、写透彻。为此，既要避免贪大求全，面面俱到，又要避免一盘散沙，杂乱无章。在消息写作的实践中，最好是一条消息体现一个主题思想。

（4）提高驾驭语言的能力，能针对不同媒体运用不同风格的语言。从总体上说，消息的语言风格应该是言简意赅、通俗易懂而又耐人寻味的。消息面对的是各个层次的广大受众，所以，消息的语言只能是大众化的。同时，受众获得新闻信息的媒体又是有区别的，如报纸、广播、电视、网络等。报纸的语言追求严谨、含蓄；广播的语言要求口语化、完整化；电视的语言崇尚直接、简练；网络的语言强调抢眼、点到为止。所以，消息的写作应迎合不同的媒体要求，充分体现风格各异的“媒体语言”。

五、消息的写法

一篇消息一般由以下五个部分构成。

（一）标题

标题是消息的眼睛，是消息内容精粹所在、风采所在，也是作者倾向所在。

消息的标题从内容构成上，可分为引题、正题和副题。

（1）引题。引题又称眉题和肩题，这类标题根据需要在有些消息的标题中出现，它在正题前面强调意义、渲染气氛、交代背景、说明来源，是起铺垫和引导作用的标题。引题的字数不宜多，一般不超过一行，多数是一句话，也可以是大致对偶的两个分句；其内容一般没有正题那么重要、实在，否则会喧宾夺主，对正题构成损害。

（2）正题。正题也称主题或母题，它表达消息的主题思想和核心内容，在消息标题中的地位最重要。正题要完整清楚地表达新闻事件，可以虚实结合但要以实为本。

（3）副题。副题又称辅题或子题，是位于正题后面、对正题内容进行补充说明的标题。其作用主要是对新闻事件的性质和意义做出评价、对正题中不能涉及的详细情况进行交代、强调新闻事件的特点和特殊意义等。副题的形式比较灵活，可以是一句完整的话，也可以是用逗号隔开的几个分句；可以在正题下面居中排印，也可以在正题下面像正文一样排印，一行印不完可以折到下一行，并不居中对齐。

消息的标题从形式构成上，主要有单行式、双行式和多行式三种。

（1）单行式。单行式即只有一个正题，它是消息内容的高度概括，如《“神六”激发南航学子飞天梦》。

（2）双行式。这种标题常见的有两种形式，即由引题、正题构成的“引主式”标题和由正题、副题构成的“主副式”标题。如：

全民化　机制化　法制化　国际化（引题）

河北青年志愿者行动上新台阶（正题）

或

第十届全国运动会在南京闭幕（正题）

温家宝出席闭幕式第十一届全运会将于 2009 年在山东举行（副题）

以上两例，第一个是“引主式”的双行标题，引题强调意义，正题表达事件本身的结果；第二个是“主副式”的双行标题，主题表达事件与核心内容，副题补充说明正题中未涉及的新闻内容。

（3）多行式。这类标题就是将引题、正题、副题全部体现在一则消息的题目中，构成一个各司其职的标题整体。如：

飞船安然着陆　航天员健康出舱（引题）

我神舟六号载人航天飞行圆满成功（正题）

中共中央国务院中央军委致电祝贺（副题）

引题渲染气氛、交代背景，振奋人心；正题直接明了地交代新闻事实；副题通过国家最高机关和国家领导人的表现补充说明新闻事件所引起的高度关注。

撰写消息标题，应当力求做到：内容要新颖，形式要醒目。具体采用哪一种标题形式，需要作者根据消息内容和报道的需要来设计。

（二）导语

消息的开头一般要用“电头”，如“本报讯”、“新华社某月某日电”、“本报通讯员某某报道”之类。电头后空一格，紧接导语。

导语是一条消息中最重要的事实的概括。它的作用是介绍内容，揭示主题，导入正文，并引起读者的阅读兴趣。它可以是一句话、几句话，也可以是两段话。导语要抓住最重要的新闻事实，要讲究可读性，语言新颖、形象、简短精练。

（1）概括式导语。概括式导语要对整篇报道的内容进行浓缩和概括。例如，“新华社汶川五月十二日电　五月十二日四川省阿坝藏族羌族自治州汶川县映秀镇与漩口镇交界处发生 7.8 级大地震，当地群众的生命财产受到重大损失”。

（2）对比式导语。对比式导语要将新闻事实跟别的事实进行纵向或横向的对比。例如，2004 年 8 月 20 日，《工人日报》报道了一位工人勇斗歹徒受表彰和一位工人见义不为受处分的消息。导语写道：“8 月 20 日，××市召开大会，表彰该市公交公司修理工王某某勇斗歹徒的先进事迹，授予他‘见义勇为积极分子’光荣称号。同时，对见义不为、丧失党性原则的党员，该市化工厂工人胡某某给予开除党籍、开除公职的处罚。”

（3）描写式导语。描写式导语要简要地展示人物、事物的形象或场景。例如，“数十架照相机的闪光灯照亮徐徐驶离北京西站的列车，试图为子孙后代留住这一瞬间。车上，八百多名乘客的兴奋之情溢于言表。这列火车将一路风尘驶上世界屋脊，创造历史。对乘客们来说，若干年后此次旅行将成为他们向子孙后代讲述他们难忘经历的谈资。”

（4）评论式导语。评论式导语在叙述新闻事实的同时，会对事实做画龙点睛式的评论。例如，“新华社北京一九八五年四月一日电今天，新中国颁布的第一部专利法正式生效了。从此，脑力劳动成果被无偿占用的历史在我国宣告结束。”

（5）引用式导语。引用式导语是引用人物的语言做导语，它可以分为直接引用和间接引用两种。例如，“‘小区物业向我收了物业管理费和停车费，车子丢失却不承担责任，法院的判决让我难以理解。’家住福建省泉州市丰泽区某小区的车主张某对法院的一起判决耿耿于怀。”

（6）设问式导语。设问式导语是在开头提出疑问或设问，引起读者的兴趣。例如，“一架飞机能从宽仅 14.62 米的巴黎市中心的凯旋门洞飞过吗？巴黎的英雄们正做着他们的实验。”又如，“就连好莱坞也编造不出来这样的故事：为了侦破的电话热线开通了，悬赏破案的赏金是 5 万美元。什么被偷了？英王皇冠上的珠宝？比尔·盖茨的财产？都不是。被盗的东西是对洛杉矶市来说重要得多的东西：奥斯卡金像不见了！”

(7) 比兴式导语。比兴式导语是运用类似文学写作中的“即物起兴”的手法，通过引用诗句、谣谚或是比喻象征性的描写，对新闻的特点或意义先作形象化暗示和强调，然后再引出所要叙述的新闻事实。如 1986 年 8 月 12 日，《中国环境报》刊登的关于夏日除蚊的报道，它的导语是：“饱去樱桃重，饥来柳絮轻，但知求旦暮，休更问前程。”这是诗人范仲淹写蚊子嗜血的诗句，寥寥数笔，蚊子的生态学特点便跃然纸上。这是借古人诗句起兴，引出所要报道的内容。

(三) 主体

消息的主体是紧接在导语后面构成消息主要内容的部分，印证导语的提示，补充交代导语中未提到的问题。它承接导语，详细地叙述事实，说明问题，用具体典型的材料对导语所做的叙述作充分的展开。

主体安排方式最基本的有三种顺序：一是按照事实发生、发展的时间顺序表述（正金字塔式结构）；二是按照事物的内在联系或是人们认识问题的逻辑顺序来表现；三是倒金字塔式结构。倒金字塔结构是一种以新闻事实的重要性依次递减为顺序安排材料的结构方式。它要求把最重要、最新鲜的新闻事实或结论放在最前面（即放在导语里叙述），好似一座倒放的金字塔，塔底在上，塔尖朝下。这种倒金字塔式结构的特点是“头重脚轻”地安排组织材料。这同一般文章的结构不相同。它是消息特有的一种结构形式，也是消息最基本的结构形式，为中外记者所普遍采用。

(四) 结尾

消息的结尾是指消息的最后一段或最后一句。消息的结尾有以下几种形式：

(1) 总结式。一些新闻事件比较复杂、新闻要素较为全面的消息，可以在结尾单独成段作以概括总结，使受众在消息的收尾处对整个新闻事件又有一个整体上、概括性的理解。如 2005 年 7 月 4 日《光明日报》第 4 版刊登的消息《大湄公河次区域经济合作成果丰硕》的结尾：“截至目前，GMS 合作共动员资金近 53 亿美元，开展各类项目 119 个。其中，贷款项目 19 个，总投资近 52 亿美元；技术援助项目 100 个，赠款金额超过 1 亿美元。”

(2) 展望式。在表述完新闻事实后，对其发展方向和结果做出预测，或给人以鼓舞，或向人敲起警钟。如《中华母亲的素质亟待提高》这则消息的结尾：“我国目前已有 2 亿多个家庭，2 亿多名母亲，而其中 70%又在农村。提高这部分母亲的素质，不仅是当前的重任，而且是一个漫长而艰难的社会工程。”这种对前景的展望，是一种警钟式的、带有忧患意识的展望，使受众在获知了这则消息后进行深思。

（3）评论式。这种形式通常是消息的主体以叙事为主，而在结尾处通过简练的语言将新闻事实所隐含的道理或意义表达出来，使新闻对感性内容的叙述得到理性升华，使新闻所描写的个别事实释放出普遍的意义。具体表达时，可以直接发表议论，也可以借别人之口进行评议，或者转述有关的评价。如《光明日报》2005 年 7 月 4 日第 4 版的一则消息《第 16 届“中国十大杰出青年”开评》的结尾是：“‘中国十大杰出青年’评选活动开展 15 年来，推出了一批积极投身改革开放和社会主义现代化建设，做出突出业绩的优秀青年，对激励广大青年立足岗位，艰苦创业，自觉奉献，奋发成才，在全社会进一步营造青年人才脱颖而出的良好氛围起到了积极的推动作用。”评论式结尾适合述评消息的写作，起着画龙点睛、卒章显志的作用。

（4）补充式。这种形式是在收尾的时候，对新闻事实作适当的补充说明。补充的内容必须与核心新闻事件有紧密的联系。例如，2017 年 6 月 21 日《沈阳日报》第 5 版的一则消息《机动车号码管理改革启动　全国将用统一选号系统》，其结尾采用的就是补充式：“据悉，下一步，公安部将加快推进统一选号系统的部署应用，预计到八月底前，完成统一选号系统在全国其他城市的推广使用。同时，公安部还将开展公安改革专项督查，密切跟踪号牌管理改革进展，确保改革惠及更多群众。”这一结尾处的补充说明，不仅使结尾与消息的主体内容相呼应，而且点出了新闻事件的相关事件的预期进展，也使这则消息更有吸引人的看点。

总之，消息的结尾类型还不止这些，根据消息主体内容的需要可以采用各种相承接、相照应的结尾。有的消息还可以略去结尾，戛然而止。

（五）背景材料

所谓背景，在新闻写作上指的是烘托新闻事实的材料，故也称为新闻背景或背景材料。它是对新闻事件发生的历史、环境和原因的说明，用来解释事件发生或者人物成长的主客观条件及其实际意义，为烘托和发挥新闻主题而服务。新闻背景可以根据不同需要放在导语部分、主体部分或结尾部分。

常见的背景材料主要有三种：

（1）说明性材料。说明性材料是用来说明新闻事实发生的原因、条件、环境、政治背景、历史演变以及新闻人物的出身、经历、身份、特点等的材料。

（2）对比性材料。在报道某一新闻事实时，为了突出新闻事件的性质、特点和意义，往往同时运用今昔对比、正反对比、优劣对比等与新闻事实能够形成鲜明对比的材料，这些材料就是对比性背景材料。

（3）注释性材料。注释性材料是用来注释、解说有关科学技术、名词术语、物品性能特点、著名历史事件和人物的材料。

【例文 7-1】

全国信用信息共享平台已联通所有省区市

据新华社南昌 6 月 20 日电（记者赖星）　国家发改委为推动解决部门之间“信息孤岛”问题，建立了全国信用信息共享平台，已联通 37 个部门和所有省区市，累计归集各类信用信息约 22 亿条。这是记者 20 日从中宣部和最高人民法院在江西南昌召开的“推进诚信建设制度化培育践行核心价值观”现场交流会上了解到的。国家发改委财金司副司长陈洪宛介绍，国家发改委会同各地区、各有关部门和单位共同推动社会信用体系建设，取得了一定成效。统一了社会信用代码，使每个自然人、每个法人和非法人组织都有唯一的身份标识；建立了全国信用信息共享平台，已联通 37 个部门和所有省区市，累计归集各类信用信息约 22 亿条；开通了“信用中国”网站，为社会提供一站式信用信息查询；建立了重点领域守信联合激励和失信联合惩戒机制，推动跨地区、跨部门、跨领域的协同监管。

第二节　书　信

一、书信的概念与特点

书信是人们用书面形式传递信息、交流思想、互通情感的日常应用文。在现代社会，书信的使用频率相当高，已渗入社会生活的各个方面，从政府机关、各类组织、企事业单位到个人都在广泛使用它。

书信的特点有：文字贴切简洁，内容完整；格式规范美观，用语礼貌；清楚表达本意，帮助理解。

二、书信的种类

书信包括一般书信和专用书信两种。

一般书信是指私人间来往的信函，主要是亲人、朋友、同事、同学间相互问候，涉及个人情感、学习、生活的书信。

专用书信也称事务书信，是在特定场合或因某种特殊需要而写的具有专门用途的信件，如介绍信、证明信、感谢信、表扬信、慰问信等。本节主要介绍专用书信。

三、专用书信

（一）介绍信

介绍信是本单位的人外出联系工作时用以证明身份、说明任务的一种简单的书信。持信人可以凭此同有关单位或个人联系、商洽某些事项，收信单位或个人可以从对方的介绍信里，了解来人的职务、要办的事项、具体的希望和要求等。

1. 介绍信的特点

（1）介绍性。介绍信能够介绍来人的身份、来访目的、希望、要求等事项。

（2）证明性。介绍信能够证明持介绍信者的真实姓名、身份，防止冒名顶替。

2. 介绍信的类型

（1）专用介绍信。专用介绍信是事先印制好格式，使用时只需在空白处填写有关内容。它共有两联，一联是存根，另一联是介绍信的本文，两联正中有间缝。

（2）普通介绍信。普通介绍信是用单位公用信笺临时撰写或打印出来的，具备介绍信的相关要素。

3. 介绍信的写法

（1）标题。介绍信的标题有两种：一种只写文种“介绍信”；另一种是“发信单位+文种”，如《××大学介绍信》。

（2）称谓。介绍信的称谓即收信对象。凡收信对象是单位的，要写单位的全称或规范简称；收信对象是单位领导的，要写其职务。

（3）正文。介绍信的正文包括三个方面内容：一是被介绍者的姓名、身份、人数、政治面貌等；二是接洽事项和具体希望、要求等；三是谦敬语，表示客气或敬意的话，如“请接洽”、“请予接洽为盼”等。

（4）祝颂语。介绍信正文结束后，一般写上“此致”、“敬礼”，以示对对方的尊重。

（5）落款。介绍信的落款包括署名和日期两项。署名写发信单位名称，并加盖公章。对于专用介绍信，要在存根和介绍信之间的骑缝线上加盖公章。日期要写全年月日。

（6）有效时间或有效期限。介绍信的有效时间或有效期限在正文的下面，用括号加以括注。有效时间一般为三至七天，不宜过长。期限数字要用大写汉字表示，以防篡改。

（二）证明信

证明信是以机关、团体、个人的名义凭确凿的证据，证明某人的身份、经历或者证明有关事件真实情况的专用书信。证明信主要起证明作用，一般由单位或熟悉情况的个人来写。

1. 证明信的类型

（1）作为身份证件的证明信。这类证明信主要用来介绍被证明人的身份、历史情况等，以便于更好地开展工作。

（2）作为旁证材料的证明信。这类证明信主要以组织、个人的名义证明某人、某事的真实性，作为办事、做结论的依据材料。

2. 证明信的写法

（1）标题。证明信的标题有两种：一种是直接写文种“证明”、“证明信”；另一种是“事由+文种”，如《关于××问题的证明》。

（2）称谓。证明信的称谓即收信单位名称。证明信多数情况下没有称呼。

（3）正文。根据要求，正文要实事求是地写清楚被证明的事实。证明学历的，应写清姓名、性别、年龄、何年考入何校、学何种专业、何年毕业；证明是否参加某项活动的，应根据凭证证明参加与否，如参加了，应写清时间、地点、具体情况等；证明证件丢失的，应写明失主姓名，丢失时间、地点、经过，失物号码、特征等；证明身份的，应写清单位名称、姓名、性别、年龄、职务或职称、工作经过、工作任务等。作为旁证材料的证明信，要写清时间、地点、人物、事情发生的经过和结果等内容。

（4）结语。正文写完后，可另起一行左空两格写上“特此证明”，也可直接在正文结尾处写出。

（5）落款。证明信的落款包括署名和日期两项。署名写出具证明的单位（或个人）名称，并加盖公章或个人印章、手印等。日期要写全年月日。

（三）慰问信

慰问信是以组织或个人的名义向在某方面做出特殊贡献或遇到意外损失、巨大灾难的集体或个人致意，表示安慰、鼓励、问候的专用书信。慰问信可以表达上级和组织的关心，使被慰问者感受到温暖，增强克服困难的勇气，保持不屈不挠的斗志。

1. 慰问信的特点

（1）公开性。慰问信虽可以直接寄给本人，但大多是以张贴、登报和以在电台、电视上播放的形式出现的。

（2）鼓舞性。慰问信除了可以肯定被慰问者的精神、优秀品德之外，主要目的在于鼓舞斗志，激人向上，使他们能重新吸取力量，继续前进。

（3）沟通性。情感的沟通是支撑慰问信的一个深层基础，通过赞扬表达慰问之情感或同情表达关切之意的方式来达成双方情感的交流和相互的理解。慰问者要向对方表示出无限亲切、关怀的感情，使对方有一种温暖如春的感觉。

2. 慰问信的类型

（1）对做出贡献的集体或个人的慰问信。这类慰问信主要针对那些承担艰巨任务，做出了巨大贡献甚至牺牲生命，取得了突出成绩，为单位、地区、国家争得了荣誉的先进个人和集体，鼓励他们戒骄戒躁，继续前进。

（2）对遭受困难或蒙受损失的单位或个人的慰问信。这类慰问信常常是针对那些由于某种原因（如车祸、火灾、地震、暴雨等）而暂时困难和蒙受巨大损失的集体或个人，对他们表示同情和安慰，鼓励他们克服暂时的困难而加倍工作，以期尽早的改变现状。

（3）节日慰问信。这是一种上级对下级、机关单位对自己员工进行的一种节日问候。这种慰问信一般表示对被慰问者以前工作的赞扬和肯定，并祝福他们在今后的工作、学习、生活中心情舒畅，做出更大的成绩。

3. 慰问信的写法

（1）标题。慰问信的标题有三种：

1）直接写文种“慰问信”。

2）慰问对象+文种，如《致×××的慰问信》。

3）慰问双方+文种，如《×××致×××的慰问信》。

（2）称谓。顶格写收信单位的名称或个人的姓名，个人姓名前可加“敬爱的”、“尊敬的”等字样，之后可加“同志”、“先生”等。

（3）正文。慰问信的内容大致可分三个层次。

1）发文目的。该部分开文明义，写清楚发此信的目的是代表何人向谁表示慰问，并做慰问表示，如“致以节日的祝贺”、“致以亲切的慰问”等。

2）慰问缘由和慰问事项。本部分要概括地叙述对方的先进思想、先进事迹或战胜困难、舍己为人、不怕牺牲的可贵品质和高尚风格；或者简要叙述对方所遭受的困难和损失，以示发信方对此关爱的程度。要表明对慰问对象的希望、问候、鼓励及关切之情。

3）结尾。提出希望，表明态度和决心。

（4）结束语。慰问信一般以一句慰勉和祝愿的话作结束语，如“致以最亲切的慰问”、“致以诚挚的节日问候”、“祝取得更大的成绩”等相应的话语。

（5）落款。慰问信的落款包括署名和日期两项。署名写发信者的单位名称或个人姓名。日期要写全年月日。

（四）表扬信

表扬信是对单位、集体或个人的先进事迹、优秀品质和优良作风进行表扬的信件。表扬信可以以组织的名义写，也可以以个人的名义写，其目的是使受表扬的集体或个人受到鼓舞，同时教育人们向先进学习，弘扬社会正气，树立良好的社会风尚。

1. 表扬信的特点

(1) 褒奖性。表扬信要表扬的是那些为社会做出贡献的单位或个人，要通过表扬好人好事来发扬无私奉献、乐于助人的精神，以期形成良好的社会风气。

(2) 宣传性。表扬信是通过对被表扬者的行为、精神的赞颂肯定，来树立良好的社会风范，让更多的人从中受到感染，汲取力量，起到宣传、教育的作用。

(3) 公开性。表扬信虽可以直接发送给被表扬人，但更多的是进行公开张贴、登报，或者在电台、电视台播放，让更多的人知道。

2. 表扬信的类型

(1) 上级对下级、团体对个人的表扬。这种类型的表扬信是以领导机关或群众团体的名义表扬其所属的单位、集体或个人。它既可以在授奖大会上由负责同志宣读，也可以通过新闻媒介刊播。

(2) 群众之间的表扬。这种类型的表扬信不仅赞颂对方的好品德、好风格，而且也有感谢的意思。它既可以直接寄给本人和所属单位，也可以寄给新闻单位，通过新闻媒介进行宣传。

3. 表扬信的写法

(1) 标题。表扬信的标题可直接写“表扬信”。

(2) 称谓。表扬信的称谓写被表扬的机关、单位、团体的名称或个人的姓名。写给个人的表扬信，应在姓名之后加上“同志”、“先生”等字样。用于张贴的表扬信，可不写受信单位。

(3) 正文。表扬信的正文一般分三个层次：

1) 交代表扬的理由。一般要先概述受表扬的人或事迹，再具体叙述事迹的过程，其中要把时间、地点、经过交代清楚。叙述要清楚，突出主要事迹，并要在主要事迹中做到见人、见事、见精神。

2) 指出行为的意义。在叙述的基础上进行评价、议论，赞颂该行为的道德意义。如指出这种行为属于哪种好思想、好风尚、好品德等。赞美夸奖的语言要有分寸感，语气要有亲切感，有时候本部分内容也可以不单独成段，在前一部分的夹叙夹议中体现。

3) 提出希望或要求。对对方提出表扬，或者向对方的单位提出表彰建议，若对方是下级单位，也可提出要求。

(4) 祝颂语。一般写上“此致　敬礼”，也可写上“祝……”等。

(5) 落款。落款包括署名和日期两项。署名写写信单位名称或个人姓名。日期写成文日期。

(五) 感谢信

感谢信是个人和单位为了答谢对方的邀请、问候、关心、帮助和支持而写的专用书信。感谢信可以直接送给对方，也可以在对方所在地的公共场所张贴，还可以通过新闻媒介刊播。

1. 感谢信的特点

（1）感情的鲜明性。感谢信重在致谢，表达感激之情是主体，要写出作者鲜明而强烈的感情色彩来。

（2）对象的确指性。即要写明感谢的确切对象，不能笼统称之，使人不知道感谢的是谁。

（3）事实的具体性。要把事实写具体，把对方的关心、支持、帮助所产生的效果写清楚。

2. 感谢信的类型

（1）给集体的感谢信。这类感谢信，一般是写信者在困难时因得到了集体的帮助而渡过了难关，走出了困境，所以要用感谢信的方式表达自己的感激之情。

（2）给个人的感谢信。这类感谢信，可以是个人或单位、集体为了表达某个人曾给予的帮助、照顾而写的。

3. 感谢信的写法

（1）标题。感谢信的标题有以下三种：

1）直接写“感谢信”三个字。

2）“感谢对象+文种”，如《致××的感谢信》。

3）“感谢双方+文种”，如《××致××的感谢信》。

（2）称谓。感谢信的称谓写对方单位名称或个人姓名，个人姓名后可加适当的称呼。如果感谢的对象是多个单位和许多同志，也可以没有称谓。

（3）正文。正文主要写感谢的内容和感谢的心情，一般分三个层次。

1）交代感谢的事由。这部分一般是概述事实，表达感激之情。

2）写感谢对象的先进思想和模范事迹。写清楚对方在什么时间、什么地点由于什么原因对自己和单位进行了什么支持和帮助，尤其要重点叙述关键时刻对方给予的关心和支持。

3）评价事实，颂扬对方的精神及其产生的影响。指出对方在事件中表现出了哪些好思想、好品德、好风格，尤其要将对方对自己的影响，自己从对方身上学到了哪些好思想、好品德写清楚，强调自己的谢意和向对方学习的态度、决心。对于那种针对多个单位和许多人的感谢信，可以选择一些典型事例表明感谢对象对自己的帮助、支持，重点写自己的体会、感受、决心和态度。

（4）祝颂语。写“此致　敬礼”、“致以诚挚的敬意”，或者其他祝愿的话。

（5）落款。落款包括署名和日期两项。署名写写信单位名称或个人姓名。日期写成文日期。

（六）申请书

1. 申请书的概念

申请书是个人或集体向组织表达愿望，向机关、团体、单位领导提出请求时使用的一种专用书信。申请书可以用于申请参加某个组织、某项工作或解决某个问题，在现实生活中用途相对广泛，是个人和组织、下集和上级相互沟通的重要手段。

2. 申请书的特点

（1）内容的单一性。申请书是个人或下级对组织或上级提出愿望和要求的书信，一般一事一书，内容单一，不能在同一申请书中提出多个申请。

（2）行文的请求性。申请书的写作目的是希望得到上级或组织的批准，实现自己的愿望或要求，因而要求语言简洁，态度谦和。

3. 申请书的类型

（1）按作者分类，可分为个人申请书和单位、集体公务申请书。

（2）按解决事项的内容分类，可分为入团、入党、开业、入学、困难补助、调换工作、建房、领证承包、贷款等的申请书。

4. 申请书的写法

（1）标题。申请书的标题可以直接写“申请书”三个字，也可将主要内容概括出来，如“开业申请书”、“入党申请书”、“入团申请书”、“退休申请书”等。

（2）称谓。申请书的称谓写接受申请书的组织、机关、团体、单位的名称或有关负责人的姓名，也可在个人姓名后，加“同志”、“先生”等恰当的称呼。

（3）正文。申请书的正文主要包括申请理由和申请事项。由于内容较多，可以分几方面来写，也可以分段写。

1）申请的理由。申请理由是申请书的重要组成部分，一定要着力写好。一份申请书写得好坏、申请能否得到批准与申请理由是否充足有直接的关系。但这并不是说申请理由越多越好，集中力量有针对性地写出理由，才是写好申请书的关键。如写开业申请书，主要应抓两条，第一是社会确实需要，第二是自己从事该项业务的经验、技术、资金等条件有保证，至于其他一些对开业没有什么直接关系的理由，可以忽略不写。如果是写入党、入团申请书，则应将自己的入党（团）动机、对党（团）的认识、接受组织考察的态度和决心写出，表明自己对党（团）组织是有一定的认识的，愿望是真诚的、强烈的。

2）申请的事项。申请事项就是申请的意愿或事由，书写申请书的目的。申请书通常是单方面的，因而申请事项一般也是很概括的。例如，开业申请书一般写“请贵局根据我的技术、资金等方面的状况，批准我的要求，发给营业执照”。入学申请书则多写“希望学校批准我的入学要求。”

3）申请人的态度。这一部分对全文起收束的作用，一般要根据申请的事项，再次表达自己诚恳的愿望、决心和要求等。

（4）结语。另起一行空两格写“特此申请”、“请领导审批”、“恳请领导帮助解决”、“希望领导研究批准”、“此致 敬礼”等表示请求的话。

（5）落款。落款包括署名和日期两项。个人申请要写清申请人姓名和申请日期，单位申请写明单位名称并加盖公章，注明申请日期。

（七）倡议书

1. 倡议书的概念

倡议书是由某一组织或社团拟订、就某事向社会提出建议或提议社会成员共同去做某事的书面文章。它是一种建议、倡导，可以在较大范围内调动群众积极性，使大家齐心协力，共同做好某项有益于社会的事务和开展某项公益活动。倡议书宣传了真善美，使人们在无形中受到深刻的教育，是开展精神文明建设的一个有效方法。它作为日常应用写作中的一种常用文体，在现实社会中有着较广泛的使用。

2. 倡议书的特点

（1）广泛的参与性。倡议书不是对某个人而言的，它往往面向广大群众，是针对某一类人、一个部门、一个地区、一个行业甚至向全国发出的倡议，所以具有特别广泛的参与性。

（2）对象的不确定性。倡议书是一种轻松倡导，不是强制，所以被倡议者可以表示响应，也可以不表示响应，而与此无关的个人或群体可以不响应。所以，倡议的对象具有不确定性。

（3）内容的公开性。倡议书的内容具有普遍的意义，往往要在一定范围内公布或借助于新闻媒介公之于世，要让广大的人民群众知道了解，从而激起更多人的响应，使大家把倡议内容付诸实际行动。

3. 倡议书的类型

（1）从发文角度来分，可分为个人倡议书、集体倡议书和企事业单位、机关部门倡议书。

（2）从倡议内容角度来分，可分为针对某一具体生活事件问题的倡议书和针对某种思想意识、精神状况的倡议书。

4. 倡议书的写法

（1）标题。

1）单行标题形式可直接写“倡议书”，也可是规范式“单位名称+倡议内容+读者范围+文种”或者省略式，如《北京地区互联网站电子公告服务倡议书》、《保护长城绿化长城倡议书》、《给网络游戏迷的一份倡议书》等。

2）正副标题形式，正标题概括倡议内容，副标题由单位名称、读者范围、文体名称构成，如《爱家，××中队全市中小学生倡议书》。

（2）称谓。称谓指接受倡议的对象，可以写有关的人，也可以写有关的部门、组织。

（3）正文。

1）开头。开头写倡议书的背景、原因、根据和目的。倡议书的发出，贵在引起广泛的响应，因此必须开宗明义交代清楚倡议活动的原因、当时的各种背景事实以及倡议的目的。这样人们才会理解、信服，并自觉地行动。

2）主体。主体主要写倡议的具体内容和要求，这部分是响应者行动所遵循的依据，因此必须清晰、明确、具体、周全。对于开展怎样的活动、做哪些事情、具体要求是什么、它的价值和意义都有哪些，均需一一写明。倡议的具体事项、希望达到的目标，都要切实准确，让响应倡议的人经过努力都能做到。这部分内容一般是分条列出，从几个方面提出各自的具体要求。

3）结尾。结尾表示倡议者的决心和希望或者写出建议、信念。如果是由领导机关出面倡议做某项公益事情的倡议书，一般会在结尾写出部署与安排。这部分要富有号召性，给人以奋发向上、积极进取的力量。

（4）落款。这部分写明倡议者单位、集体的名称或个人姓名，并署上发倡议的日期。

第三节 条 据

一、条据的概念

条据是在日常生活、学习、工作中，单位与单位、单位与个人、个人与个人之间为“收、借、领、欠”钱物或说明某一事项而给对方书写的凭据文书。它是人们在日常生活中经常使用的一种简便契约。

二、条据的特点

（1）文种繁多。条据虽小，.但种类繁多，不同类型条据，格式内容侧重点不同。有些条据与其他文种有交叉，因此要选对文种，该用“通知”就不要用“留言”，该用“代收条”就不要用“收条”。

（2）言简意赅。条据意图明显，内容短小，但麻雀虽小，五脏要全，撰写时要抓住要害，一语道破。

（3）书写规范。条据上的信息十分重要，因此书写应工整，用词要准确。在涉及数字、日期等借据时，一般用大写汉字，防止数字被添加或更改。条据不能出现涂改，也不能使用易褪色的铅笔或其他墨水进行书写。

三、条据的种类

条据种类很多，按内容和性质可以分为说明条据和凭证条据两大类。

(一) 说明条据

说明条据是一方向另一方说明事实、陈述请求或交代事情时所写的简明文书。这类条据只起说明告知的作用，不具备法律效力。

(1) 便条。便条是向对方表达一定意愿、请求，或是需要对方给予帮助时所写的条据。

(2) 留言条。留言条是因故不能面谈而将有关事项简要写下来告知对方的条据。

(3) 请假条。请假条是因事或因病未能出勤，向单位、组织或有关负责人请求给予假期的条据。

(二) 凭证条据

凭证条据是日常生活中互有钱物往来时，给对方留下具有一定法律效力的简明信誉文书。

(1) 借条（借据）。借条是借得个人或单位的钱物时写给对方的凭据。

(2) 欠条（欠据）。欠条是借过个人或单位的钱物，事后追补或部分归还，还有一部分拖欠未还，对仍拖欠部分所打的凭据。

(3) 收条（收据）。收条是收到个人或单位钱物时，写给对方作为今后查对的凭据。

(4) 领条。领条一般是下级从上级、个人从单位或单位之间领取钱物时，写给对方发放人留存的凭据。

(5) 代收条（代领条）。代收条是归还或领取钱物时主人不在，由别人代收、代领而出具的有代收、代领人签名的凭据。

四、条据的写法

(一) 标题

条据一般就用文种做标题，如“请假条”、“留言条”、“借条”、“代领条”等。标题通常写于条据的第一行正中处，字体也稍大于正文字体。

(二) 称谓

这是对接受条据人的称呼，也就是“写给谁”，如“王老师”、“李局长”、“刘经理”、“钱主任”等。说明条据必须有称呼；凭证条据则不单列此项，而把接收条据人写在正文中。

(三) 正文

说明条据和凭证条据内容和作用不同，写法上区别很大。

（1）说明条据。正文内容主要有三层意思。通常是在称谓后另起一行开始写正文，顺序是“谁写的、什么事、何时写的”。

（2）凭证条据。正文内容主要有四层意思。通常是在标题下另起一行，标明条据性质，即“今收到”、“今借到”等字样，然后依次写“谁的、什么东西、数量多少”三项内容。数字要用大写，借条要标明还款期限。

（四）结尾

正文后另起一行，说明条据写祝颂语，如“此致，敬礼”；凭证条据一般是一句专用尾语，如“此据”两个字。

（五）落款

落款包括署名和日期两项。说明条据签署写条据人的姓名和日期，若为单位，还需要加盖公章；一般性凭证条据，只由借者或收者签字（盖章）即可，涉及大量钱财或重要物品的凭证条据，则必须双方都要签字（盖章）。

【例文 7-2】

借　条

现借款人__________因__________（写借款用途）需向贷款人__________借款人民币____元整（小写____元整）。借款种类为现金，借款日期为________年____月____日，还款日期为________年____月____日前，按时一次性偿还清__________借款加利息。借款利息为：__________（年利率），特立此据为凭。

借款人：__________（签名并按手印）
贷款人：__________（签名并按手印）
见证人：__________（签名并按手印）
年　月　日

第四节　启事、声明和海报

一、启事

（一）启事的概念

启事是单位或个人，为公开向人们告知、声明某事，请求公众协助支持参与的文书。启事通常张贴在公共场所或刊登在报刊、刊物上。

（二）启事的特点

（1）告启性。启事是以公开陈述事实，从而向大众告知事宜或寻求帮助，它没有强制力和约束力。

（2）目的性。无论哪种启事，都有很强的目的性，或有事需要向公众说明，或欲求公众的支持、协助，或希望公众积极参与。

（3）简明性。启事要求表达简洁明了，既是为了方便读者对启事的内容一目了然，也是为了节约篇幅，力求用最少的物力达到最好的告启效果。

（三）启事的类型

（1）寻访类，如寻物启事、寻人启事。

（2）招领类，拾遗者发寻人的启事。

（3）征求类，如征文启事、招聘启事、征婚启事等。

（4）通知类，如“校庆启事”等此类邀请亲友、校友、会友、社会同仁参与某项活动的启事。由于被告知人居住分散或不确定，因此发启事广泛告知，如书刊出版发行的预告、停业通知、公安机关公开的警告或悬赏。

（四）启事的写法

启事一般由标题、正文和落款三部分构成。

1. 标题

（1）文种式标题。启事的标题直接用“启事”二字。此类标题适用于任何内容的启事，但不能明显、直观地反应所启事项内容。

（2）公文式标题。可以是“事由+文种”，如《招聘启事》、《征文启事》；也可以是“单位名称+事由+文种”，如《××大学招聘启事》；还可以是“单位名称+文种”，如《××研究所启事》。比较重要或紧急的，可以在“启事”之前加上“重要”“特别”或“紧急”等修辞。

（3）单一式标题。即标题中不出现“启事”二字，只写明事由或内容范围，如《×××招聘》、《失物招领》、《征求徽标》等。

2. 正文

正文写想要说明的内容，明确地交代原因、启事要求、相关承诺等。正文因启事所说明的事项不同而异。总的要求是内容真实准确、简明扼要、有条理。

3. 落款

落款写明告启单位或人的全称、地址、联系方式和发布告启的年月日。

（五）启事的写作要求

（1）内容要真实可靠。启事是公开说明某事或希望公众予以帮助或协助，其内容必须完全真实，不能弄虚作假，欺骗大众。

（2）表达要简明完整。启事撰写简洁明确，公众才能一目了然，快速准确地给予帮助。启事的原因、特征、联系方式等要写清楚，如寻人启事应写清楚被寻人的重要特征，寻物启事应写清楚所寻物品的基本特征。

（3）用语诚恳有礼。每一种启事写作的目的都是要寻求公众的帮助，所以行文应谦逊有礼，不能出现盛气凌人和语言不得体的情况。

（4）不能将“启事”错写成“启示”。“启示”是启发、开导，使人有所领悟的意思。与“启事”的“公开陈述事情”不是一个意思。无论是“招聘启事”还是“征文启事”，其说明的内容都只能用“事”，而不能用“示”。

二、声明

（一）声明的概念与作用

声明是告启类文书的一种。它是作者就有关事项或问题向社会表明自己的立场、态度的应用文体。政党和国家的领导机关及其领导人可以发表声明，机关单位、社会团体、企事业单位可以发表声明，其他组织或公民个人也可以发表声明。发表声明是我国法律赋予上述主体参与国际事务和国内民事法律活动的权力。

声明具有以下几点作用：

（1）表明立场、观点、态度的作用。

（2）警告、警示的作用。

（3）保护自己合法权益的作用。

（二）声明的写法

声明由标题、正文和结尾三部分组成。其各部分的格式、项目内容和写法要求如下：

（1）标题。声明的标题一般只写文种“声明”二字；也可以由“事由+文种”构成，如《遗失声明》等；还可以由“发文机关+授权事由+文种”三项式构成，如《×××有限责任公司授权法律顾问×××律师声明》。

（2）正文。声明的正文一般简明扼要地写明发表声明的原因，表明对有关事件的立场、态度。

（3）结尾。结尾包括署名、日期和附项三项内容。完成正文写作后，在版面右下方由声明单位署名，并于其下注明年月日。若希望公众检举揭发侵权者，还应在署名项目的左下方附注声明单位的地址、电传号码以及邮政编码，以便联系。

（三）声明的写作要求

（1）用语要规范。撰写和发表声明的时候，用语要郑重、严肃。有的单位出于对侵权行为的义愤之情，在发表声明时使用了“本单位一经发现仍有侵权行为发生，必将严惩不贷”等语句，实属不当。因为，被侵权单位有权依法起诉侵权者，但却无权对侵权方进行惩罚制裁。所以，在撰写声明时，除应遵循公文写作一般用语要求外，还应考虑声明在用语方面的特殊要求。

(2) 态度要鲜明。一般而言，声明的正文篇幅都比较短小。欲在较短篇幅内表明行文目的，就必须简洁明了地表明发表声明主体的态度。拖沓冗长，必将削弱其郑重、警示的作用。

【例文 7-3】

声　　明

本律师作为××经济特区贸易有限公司常年法律顾问，经授权声明如下：

××经济特区贸易有限公司是经中华人民共和国对外经济贸易合作部批准、具有法人资格的外资企业。本公司自××××年成立至今，从未在××省境内等任何地方设立任何形式的办事处或其他分支机构。

凡未经本公司法人代表授权在××省境内冒用、盗用本公司名义进行的任何形式的商务活动，包括签订的一切合同一律无效，由此产生的后果本公司不予承担。

本公司依法保留追究违法冒用、盗用者的法律、经济责任的权利。

特此声明！

××市法律事务所
律师：×××
××××年××月××日

三、海报

(一) 海报的概念

海报是向广大群众报道或介绍某一消息或活动时，广泛公开地传递信息、招徕群众的招贴式文书。它多用于电影、体育、报告会、展览、戏剧预告等文娱体育消息的传播，通常张贴在公共场所、宣传橱窗内，有些海报也通过媒体向公众发布。

(二) 海报的特点

(1) 特定性。海报只限于主办单位使用，一般告知公众的是举办文化、娱乐、体育等活动方面的消息。

(2) 宣传性。海报通过一定的感情语言，广泛告知一定范围的人，招揽公众积极参与和了解某项活动，具有宣传和提高活动知名度的效果。

(3) 画面性。海报贴在公共场所，为给往来的人留下印象，根据实际需求，常常选择大画面及突出的形象和色彩。同时，在设计中标题醒目、布局新颖、图文并茂、色彩鲜艳，以增强画面性和印象。

（4）张贴性。海报主要采用张贴形式，一般张贴在引人注目的场所。

（三）海报的种类

根据内容分，海报可分为戏剧海报、联欢会海报、电影海报、体育赛事海报、报告会海报等。

根据表现形式，海报可分为文字海报、图文海报等。

（四）海报的写法

海报由标题、正文和落款三部分构成。

1. 标题

（1）文种式标题。文种式标题就是以“海报”二字作标题。

（2）单一式标题。单一式标题可以以内容作标题，如《舞会》、《研究生优秀书画展》等；也可以由单位名称和内容构成，如《××杂技团演出精彩杂技大型魔术》。

（3）双行式标题。双行式标题由正标题和副标题构成。正标题是引题，用生动简短的语言指出活动的特点和意义。副标题介绍活动举办的单位、内容，如《名角新秀同献艺　轻歌曼舞妙趣横生——××电视台与××部联合举办庆祝春节文艺汇演》。

2. 正文

海报的正文要用简洁的文字写清楚活动的内容、时间、地点以及参加办法等。

（1）一段式。内容简单的正文通常只有三言两语或一段话。例如，“××月××日下午×时，我校和××学院足球队在本校大操场进行友谊比赛，欢迎踊跃观赛。”

（2）项目排列式。内容稍多的正文可分项目排列成文。例如：

> 特邀××学院××教授主讲：××讲座。
> 形式：视频为主，辅以讲解。
> 发送时间：××××年××月××日至××日，每晚××时至××时。
> 地点：××××报告厅。
> 入场办法：××月××日起在本馆门口售票处售票，每票××元。

（3）附加标语式。有的海报在正文首或正文末加上排列整齐的标语，起画龙点睛的作用。这类标语要遵守真实的原则，不能哗众取宠、弄虚作假。

3. 结尾

结尾的内容有主办单位、海报制作时间等。若正文已把有关内容写清楚了，可以不设结尾。有的结尾还加上一些吸引人的口号，如“售完即止！勿失良机！”之类。

（五）海报的写作要求

（1）内容真实。为了吸引公众关注活动和消息，海报可以使用一些鼓励性的词语，但不可以夸张失实，必须真实、准确，不能虚假、欺骗。有些还要加上注意事项，以免引起公众的误会。

（2）图文并茂。海报除了文字说明，还常常根据内容需要，设计或添加象征性图案或图画，以突出主题，吸引读者。但海报中传达信息的文字应重点突出。

（3）简明易懂。在语言上，海报写作力求用最少的文字最大限度地概括活动内容及主旨，力求做到言简意明，让人一看就知晓传达的信息内容。

【例文 7-4】

海　　报

根据李劼人著名小说改编的川剧《死水微澜》在成、渝两地上演以来，场场火爆，反响热烈，在青年学生中掀起了欣赏川剧艺术的热潮。我校部分师生日前已前往观看。为了使广大同学更深入地领会川剧的精髓，了解该剧创作演出的甘苦和取得的成就，我系特邀请了该剧女主角饰演者梅花奖得主××及部分剧组成员到校座谈交流，欢迎外系师生参加。机会难得，切勿错过！

时间：2015 年 4 月 3 日晚 7 时

地点：学术报告厅

××大学中文系学生会

××××年××月××日

第五节　通　　讯

一、通讯的概念

通讯是一种比较详细、生动、形象地报道新闻事实的新闻体裁。通讯的题材丰富、风格多样，它可以运用叙述、描写、议论和抒情等多种表现手法报道新闻事件和典型人物，是一种富有生命力、表现力和感染力的新闻体裁，常用来评价人物、事件，推广工作经验，介绍地方风貌等。

二、通讯的特点

(1) 典型性。通讯常用来报道典型人物、典型事件等，对其报道的人和事，必须经过严格的筛选，只有具有一定的代表性和典型性意义才能报道，而且即使确定了要报道的人和事也要以全面、发展的观点，实事求是地去写，以加强对所报道的典型人物和事件的宣传。

(2) 形象性。这是通讯区别于消息的重要标志。消息主要报道事件概况，通讯则要求通过具体的人物和事件来反映现实生活，不仅要报之以事，晓之以理，而且还要动之以情，因而报道更细腻、更形象、更生动。通讯的语言也更富有文学色彩，具有较强的感人力量。

(3) 灵活性。通讯的写作方法和组织结构灵活多样，可综合运用叙述、描写、议论和抒情等多种表现手法，在结构安排上自由奔放，不拘泥于消息经常采用的倒金字塔结构，因此往往能有声有色地反映人物和事件，给受众留下难忘的印象。

三、通讯的类型

(1) 人物通讯。人物通讯是以人为中心的通讯，通过对人物的行动、语言、事迹的报道，再现其精神境界，从而达到教育启迪的作用。

(2) 事件通讯。事件通讯主要报道现实生活中典型的、有普遍意义的新闻事件。其重在记述和再现新闻事件发生、发展的相对完整的过程，显示事件的内在逻辑和社会意义。

(3) 工作通讯。工作通讯是以工作的进展情况、经验收获、存在问题等为报道对象的一种通讯。它通过记叙和分析实际工作的经验或问题，概括出具有规律的经验体会，用以指导实际工作。

(4) 风貌通讯。风貌通讯也称“概貌通讯”，是反映一个地区、一个战线、一个单位的概况和发展变化新风貌的通讯。它以采访者旅行见闻的视角反映社会变化和风土人情，有见闻、巡礼、纪行、掠影、散记、侧记等形式。

四、通讯的写法

(一) 标题

通讯的标题是通讯主题的反映，可以是实题，也可以是虚题，还可以虚实结合，采用复合结构。但不管是哪一种，都必须显示通讯的内蕴，让读者理解主题。常见的通讯标题有以下几种形式。

(1) 概述式。概述式是以简洁的语言概括通讯的主要内容，如《神圣的时刻——神舟七号的点火仪式》。

（2）拟人式。拟人式是用拟人的修辞手法描述事物或事件，使读者有亲近感，如《移民直航专船“刹了一脚”》。

（3）引句式。引句式是引用群众中流行的口语或诗句典故，彰显主题意义，如《相亲相爱》。

（4）提问式。提问式是提出社会重大问题或人民群众所关心的问题，以引起人们的注意，如《沈北新区还能“新”下去吗？》

（5）祈使式。祈使式是用祈使句唤起读者的关注，缩短与读者的距离，如《让学生当好“主角”》。

（二）开头

通讯的开头有别于消息的导语，形式灵活多样，要求能够吸引受众的注意力，引导阅读情绪并开启思路。成功的通讯或者以动人的情节、细节开头，抓住读者；或者引用重要人物的语言开头，统率全文或引起下文；或者用诗歌、民谣、典故开头，增添通讯的文采；或者用问句开头，提出问题，引起人们注意。

（三）主体

通讯长于记事和表现情节，其主体部分承担着展开新闻事实或事件的发展变化过程，展示报道对象面貌及个性特征的任务，因而内容多、篇幅长，主体的谋篇布局较为复杂。另外由于通讯不像消息那样具有常用的结构规范，因此其结构的表现形式呈现出多样、自由的态势。通讯主体较常见的结构形式有层进式、并列式和实录式。

（1）层进式结构。这是一种纵式结构，它所显示的是新闻事实的纵剖面，通常按事物发生、发展的过程，采用顺叙或倒叙、插叙的方法写作。这种结构层次分明，脉络清楚，过渡起伏自然，常见于事件或人物较为集中单一的通讯。

（2）并列式结构。这是一种横式结构，按事物各方面之间的逻辑关系，分门别类进行叙述，最后归纳综合，它呈现在读者面前的是新闻事实的横断面。这种结构一般用于报道人物较多、事件较杂、时间差大、涉及面广的通讯。

（3）实录式结构。这种结构常见于专访式通讯报道。它侧重记“言”，针对受众所关心的人或事件作专题采访，并以转述采访对象的谈话为主，通常如实记录采访过程，以记者提问、受访者回答的方式展开。

（四）结尾

通讯结尾或总结全文，深化主题；或抒情议论，引起联想；或展望未来，提出希望；或引用名言、诗歌、典故等，照应主题。总之，结尾与开篇在篇章结构上要有内在的逻辑联系。

通讯的时代感很强，随着社会的发展，出现了许多新的形式，如新闻特稿、新闻速写、新闻专访、新闻游记、新闻小故事等，其写作手法、表现形式也有很多变化，呈现出多样化趋势。

五、通讯的写作要求

通讯的写作要求因主题和类别不同而各有侧重。

(1) 人物通讯。人物通讯可只集中写一个人，也可写几个人，描写人物的群像。首先要抓住新闻写人物，着力从具体事件中反映人物的精神面貌、思想感情；其次要在环境冲突中写人物，包括人与人之间、人与自然之间、人与人本身内心世界的冲突，展示人物生活的背景，体现时代感；此外还要善于通过人物自己的语言和行为来表现人物鲜明的个性特征，突出典型性。

(2) 事件通讯。事件通讯既可以反映现实生活中发生的重大的、振奋人心的典型事件和突发事件；也可以从某一新闻事件中截取一个或若干片段，进行细致详尽的描述；还可以写多件事，每一个事件都只截取其中有意义的一两个片段，共同表达一个主题。事件通讯在写作中要注意：一是主题应鲜明集中，揭示事件的深刻含义；二是要重点写事，展开事件过程；三是要处理好事件与人物的关系，以事件为中心，以事带人。

(3) 工作通讯。工作通讯或介绍某一单位的新鲜经验，或反映实际工作中带有倾向性的问题，或探索带有方向性、政策性的东西。其在写作上要注意：一是要有现实针对性，切合当前工作需要；二是要深入分析、透彻地阐述问题和经验，并上升到一定的理论高度。

(4) 风貌通讯。风貌通讯可以侧重于自然风貌，也可以侧重于社会风貌，更多的是将自然风貌和社会风貌结合在一起，将物、人、景、事糅合在一起，围绕主题集中各方面的风貌和特色，展现时代的步伐和人物思想境界的变化。风貌通讯常以对比的手法，以旧衬新，反映今昔巨变；还可以采用点面结合的写法，以局部的、典型的变化反映整个时代的风貌。

思考与练习

7-1　从不同角度分析，消息可以分为哪些种类？

7-2　举例说明专用书信的特点与写法。

7-3　撰写一篇入党申请书。

7-4　用双行式标题写一份海报。

第八章　科技文书

第一节　学术论文

一、学术论文的概念与作用

学术论文是科学研究成果的书面表达形式，是对哲学、社会科学和自然科学领域中某些现象和问题进行比较系统的研究，探讨其本质特征和发展规律的理论性文章。这些文章是研究人员提供给学术性期刊发表或向学术会议提交的，反映了该学科领域最新的、最前沿的科学水平和发展动向，以报道学术研究成果为主要目的。

写作与发表的科技论文是科技工作者之间进行科学思想交流的永久记录，也是科学发展的历史。它记载了探索真理的过程，也记载了各种观测结果和研究结果。通过论文写作与发表进行学术交流，能促进研究成果的推广和应用，有利于科学事业的繁荣与发展。

二、学术论文的特点

（一）创新性或独创性

学术论文报道的主要研究成果应是前人（或他人）所没有的，因此，如果没有新的观点、见解、结果和结论，就不称其为学术论文。

学术论文的创新程度是相对于人类已有的知识而言的。至于某一篇论文，其创新程度可能大些，也可能很小，但总要有一些独到之处，总要对丰富知识宝库和推动社会发展起到一定的作用。“首次提出”、“首次发现”，当然是具有重大价值的研究成果，但这毕竟为数不很多。

在学术研究过程中，如果基本上是重复他人的工作，尽管确实是作者自己“研究”所得的“成果”，也不属于创新之列。在实际研究中，有很多课题是在引进、消化、移植其他地区已有的先进科学技术，以及应用已有的理论来解决本地区、本行业、本系统的实际问题，只要对丰富理论、促进生产发展、推动技术进步有效果、有作用，报道这类成果的论文也应视为有一定程度的创新。

（二）理论性或学术性

理论性是指一篇学术性论文应具有一定的学术价值，它有两个方面的含义：

(1) 对用实验、观察或用其他方式所得到的结果，要从一定的理论高度进行分析和总结，形成一定的科学见解，包括提出并解决一些有科学价值的问题。

(2) 对自己提出的科学见解或问题，要用事实和理论进行符合逻辑的论证、分析或说明，总之要将实践上升为理论。

(三) 科学性和准确性

一篇论文有了创新性和理论性，还只能定性地说它具备了一篇论文最主要的东西，在具体的研究及写作阶段还必须使论文具有科学性和准确性。

所谓科学性，就是要正确地说明研究对象所具有的特殊矛盾，并且要尊重事实，尊重科学。具体说来，科学性包括论点正确、论据必要且充分、论证严密、推理符合逻辑、数据可靠、处理合理、计算精确、实验可重复、结论客观等等。

所谓准确性，是指表述与客观事物即研究对象的运动规律和性质相一致。准确性包括概念、定义、判断、分析和结论要准确，对自己研究成果的估计要确切、恰当，对他人研究成果（尤其在作比较时）的评价要实事求是，切忌片面和说过头话。

(四) 规范性和可读性

撰写学术论文是为了交流、传播、储存新的科技信息，让他人利用，因此学术性论文必须按一定格式写作，必须具有良好的可读性。在文字表达上，要求语言准确、简明、通顺，条理清楚，层次分明，论述严谨。在技术表达方面，包括名词术语、数字、符号的使用，图表的设计，计量单位的使用，文献的著录等都应符合规范化要求。

三、学术论文的格式

(一) 学术论文的撰写顺序

学术论文有三种撰写顺序。

(1) 从绪论写起，接着写本论、结论。这是一种最常见、最基本的写作顺序。它符合人的思维规律。人们在思考问题时，总是要先提出问题，然后分析问题，最后解决问题。

(2) 从本论写起，在写好本论、结论之后再回过头来写绪论。因为本论部分所写的都是研究者自始至终悉心考虑的问题，已经成竹在胸，写起来自然较为顺手。本论这个主要部分有了，其他部分也就迎刃而解了。

(3) 从结论写起，写了结论，再从多方论证这个结论的正确。这种写法在语言研究或考古研究中较常见。

“绪论→本论→结论”是论文的基本结构方式。第二、第三种顺序虽然没有按照基本结构方式依次来写，但仍包含绪论、本论、结论这三个部分。

(二) 学术论文的写作格式

为了便于论文所报道的研究成果这一信息系统的收集、储存、处理、加工、检索、利用、交流和传播，《科技报告编写规则》（GB/T 7713. 3—2014）对科技论文的撰写和编排格式作了规定。尽管各篇论文的内容千差万别，不同作者的写作风格各有千秋，但格式完全可以统一。

有了论文编写格式的国家标准，一篇论文应先写什么，后写什么，各部分要写什么内容，以及表达中有些什么要求，编排上应符合哪些规定，都有章可循。但是，论文的主题如何确立，论据如何选取，论证如何进行，结构如何安排，节、段如何划分，层次标题如何拟定，具体材料如何到位等，则需要根据研究对象、研究的目的和方法以及论文内容等实际情况来处理。

一般来说，学术论文的组成部分和排列次序为：题名、作者署名、摘要、关键词、中图法分类号、引言、本论、结论（和建议）、致谢、参考文献和附录。

四、学术论文各部分的写作要求

（一）题名

题名又称篇名、题目、文题、标题（或称“总标题”，以区别于“层次标题”）等，它位于全文之首，是能反映论文最重要的特定内容的最恰当、最简明的词语的逻辑组合，是读者了解全文的窗口。

题名的一般要求是准确得体，简短精练，便于检索，容易认读。题名一般用名词或名词性词组为中心的偏正词组，例如《生态伦理学的三个难题》。《学位论文编写规则》（GB/T 7713. 1—2006）规定，题名“一般不超过 25 字”。我们应把这“25 字”视为上限，在保证能准确反映“最主要的特定内容”的前提下，题名字数越少越好。

（二）作者署名

作者姓名、工作单位及所在地和邮政编码，一般列于篇名之下。

署名方法因所投寄的学术期刊不同而不同。有的作者姓名在上，工作单位名称、所在地及邮政编码用圆括号括起来，放在下方；有的工作单位名称及邮政编码在前，作者姓名紧跟其后；有的题名下方仅署作者姓名，而将与作者有关的信息（如工作单位、地址、邮政编码、职务、职称等）放在同页以脚注的形式标出。

一篇论文的署名不宜太多。科技学术论文的署名必须署真名、全名，不能署笔名。凡是署名的作者及致谢的对象均应征得本人同意，不可强加于人。

（三）摘要

摘要是对论文的内容不加注释和评论的简短陈述。一般来说，只有少于 3000 字的简报、简讯之类，才可不附摘要。在科技信息量迅猛增长的现今社会，摘要的重要性日益突出。为此，国家专门制订、颁布了有关文摘编写规则的国家标准《文摘编写规则》（GB 6447—1986）。摘要置于作者之后、正文之前。每一篇完整的论文都要求撰写随文摘要。其作用一是让读者尽快了解论文的主要内容，以补充题名的不足，二是为科技情报人员和计算机检索提供方便。

摘要的撰写应满足如下四方面要求：

（1）应包括研究目的、方法、结果和结论等内容，基本上涵盖论文的主要信息，是一篇可供单独引用的完整的短文。

（2）读者只看摘要，不看全文，也能看懂。

（3）离开原文能独立存在，可作为文摘单独使用。

（4）行文精炼，简明扼要，一般不超过300字。

另外，作为一种可供阅读和检索的独立使用的文体，摘要只能用第三人称而不用其他人称来写，而且尽可能用规范术语，不用非共知共用的符号和术语。不得简单地重复题名中已有的信息，并切忌罗列段落标题来代替摘要。除了实在无变通办法可用以外，一般不出现插图、表格以及参考文献序号，一般不用数学公式和化学结构式，摘要不分段。

为了扩大我国科学技术成就和信息传播的范围，加强国际学术交流与合作，现在我国绝大多数的科技学术期刊对投寄的论文都要求附有英文摘要，即将论文中的中文摘要译成英文。一篇完整的英文摘要应包括以下几个部分：

（1）题名。与中文题名一样，英文题名应简单、明了、醒目，一般要求包含研究目的、方法和对象，或研究对象、处理因素和反应效应三要素，要符合英语规范。英文题目一般不宜超过20个实词。原则上是比照论文的中文题名译成英文，使两者保持基本一致，但这并不等于字字对译，必要时可以加译、减译和意译。

题名中单词字母的大小写目前尚无统一规定。一般题名的第一个词的第一个字母为大写，其余除专有名词外，一般为小写，这种方式为绝大多数科技学术期刊所采纳。也有的除介词、连词或冠词外每个词的首字母均大写。

（2）署名及单位名称。在题名之下，另起一行，居中写出作者姓名。中国作者的姓名，将姓和名各作一词按汉语拼音拼写，两者首字母皆大写。在作者的姓名之下，另起一行列出作者单位名称、所在地和邮政编码，单位名称次序正好与中文相反，即先写小单位后写大单位。

（3）摘要正文。英文摘要与中文摘要一样，其目的是要以最精炼的文字介绍论文的精华和主要观点。英文摘要通常是将中文的摘要直接翻译成英语，即主要反映研究目的、方法、结果和结论等四项内容。如果中文是结构式摘要，则写英文摘要就更为方便。

（四）关键词

关键词是为了满足文献标引或检索工作的需要而从论文中选取出的词或词组。关键词包括主题词和自由词两个部分：主题词是专门为文献的标引或检索而从自然语言的主要词汇中挑选出来并加以规范了的词或词组；自由词则是未规范化的即还未收入主题词表中的词或词组。

每篇论文应专门列出三至八个关键词，这些关键词应能反映论文的主题内容，而且它们之中主题词应尽可能多一些。关键词可以从综合性主题词表（如《汉语主题词表》）和专业性主题词表（如 NASA 词表、INIS 词表、TEST 词表、MeSH 词表等）中选取。那些确能反映论文的主题内容但现行的主题词表还来不及收入的词或词组可以作为自由词列出，以补充关键词个数的不足或为了更好地表达论文的主题内容。关键词作为论文的一个组成部分，列于摘要段之后。

（五）分类号

分类号通常是指《中国图书资料分类法》或《中国图书馆图书分类法》（第四版）的分类表中的分类号。

分类语言由符号体系、词汇和语法组成。符号体系即分类语言类名所使用的代码系统，这种代码系统通常由字母和阿拉伯数字组成。如“F”表示“经济”类图书文献，“F223”表示主题为“投入产出分析”的文献。一篇涉及多学科的论文，可以给出几个分类号，其中主分类号排在首位。分类号排印在“关键词”的下方。

（六）前言

前言是学术论文的开头部分，又称引论、绪论。一篇学术论文的绪论应根据其课题研究特点而有所侧重，不必面面俱到。文字要力求简明扼要、高度概括、直截了当、重点突出。引言的目的是向读者交代本研究的来龙去脉，使读者对论文先有一个总体的了解。

引言中要写的内容大致有如下几项：

（1）研究的理由、目的和背景。包括问题的提出，研究对象及其基本特征，前人对这一问题做了哪些工作，存在哪些不足，希望解决什么问题，该问题的解决有什么作用和意义，研究工作的背景是什么。

因为要回答的问题比较多，所以只能采取简述的方式，通常用一两句话即把某一个问题交代清楚，无需赘言。

（2）研究的理论依据、实验基础和研究方法。如果是沿用已知的理论、原理和方法，只需提及一笔，或注出有关的文献。如果要引出新的概念或术语，则应加以定义或阐明。

（3）预期的结果及其地位、作用和意义。这一部分要写得自然、概括、简洁、确切。

（七）本论

本论是学术论文的主体、核心部分。它担负着表述科研成果，体现学术论文的水平和价值的重要任务。这一部分要对绪论中提出的问题展开充分的论证和分析，运用丰富翔实的材料，进行条理清晰、逻辑严密的论述。本论部分内容丰富，篇幅较长，必须采用恰当的结构方式加以安排。常见的结构方式有以下三种：

(1) 并列式。并列式就是对绪论中提出的问题分别从几个方面进行论述，这几个方面可以是一个问题的几个角度，也可以是一个问题的几个组成部分，相互之间是并列关系。例如王海明的学术论文《生态伦理学的三个难题》(《首都师范大学学报·社会科学版》2007 年第 2 期) 的本论部分，就是用三句名人名言引申出三个生态伦理学难题，并分别予以分析阐述的。

(2) 递进式。这是一种逐层深入、逐步推进的论证方式。

(3) 综合式。即在一篇学术论文的本论中综合运用上述两种结构方式，以一种为主，另一种为辅。这种结构方式适用于篇幅较长、内容复杂的学术论文。

(八) 结论

结论是学术性论文正文的结尾，是本论部分论述的自然发展结果，是对全文的概括总结。这部分可以用高度概括的语言归纳出全文内容要点，或写出结论性意见，也可以对课题提出自己的探索性看法。但结论不是研究结果的简单重复，而是对研究结果更深一步的认识，是从正文部分的全部内容出发，并涉及引言的部分内容，经过判断、归纳、推理等过程，将研究结果升华成新的总观点。其内容要点如下：

(1) 本研究结果说明了什么问题，得出了什么规律性的东西，解决了什么理论或实际问题。

(2) 对前人有关本问题的看法做了哪些检验，哪些与本研究结果一致，哪些不一致，作者做了哪些修正、补充、发展或否定。

(3) 本研究的不足之处或遗留问题。

对于某一篇论文的“结论”，上述要点 (1) 是必需的，而要点 (2) 和 (3) 视论文的具体内容可以有，也可以没有；如果不可能导出结论，也可以没有结论而进行必要的讨论。

如果结论段的内容较多，可以分条来写，并加以编号，如 (1)、(2)、(3) 等，每条成一段，包括几句话或一句话；如果结论段内容较少，可以不分条写，整个为一段，几句话。结论里应包括必要的数据，但主要是用文字表达，一般不再用插图和表格。

(九) 致谢

致谢不是论文必需的组成部分。致谢是作者对在本文研究中参与部分工作，或协助完成本文的研究工作，或对论文撰写提供帮助和指导，或提供样品、器材及其他支持的单位和个人表示感谢的一种方式。其主要作用是对合作者的劳动表示尊重，同时为读者提供与本研究有关的合作者、资助者、指导者、协作者等的情况，从另一个侧面反映论文工作的有关信息，具有一定的参考价值。

致谢的对象包括：

（1）协助完成本研究工作和提供各种帮助的组织和个人。

（2）对研究工作提出建议和给予某些指导的专家。

（3）为研究工作提供实验样品、材料和仪器者。

（4）为论文写作提供某些资料者。

（5）帮助审阅、修改论文者和帮助论文作统计学处理者。

（6）对本研究给予资助或支持的有关组织、企业和个人。

（7）其他应感谢的组织和个人。

（十）参考文献

这里的“参考文献”是指“文后参考文献”。其概念是，为撰写或编辑论著而引用的有关文献资料。

所引文献必须是作者直接阅读过的文献，不可从他人文献中转引文献；必须是在公开发行的正式出版物上刊载的文献，保密资料、内部刊物或尚未发表的文献不得引用。所引文献要忠于原意，著录时要仔细核对。引用文献应以原著为主，译文、文摘、转载一般不应作为参考文献引用。

应尽可能引用近期（3~5 年）内最新的、主要的、与本文密切相关的文献，少用年代久远的、次要的或教科书之类公知的文献。引用文献应突出重点，少而精。《信息与文献　参考文献著录规则》（GB/T 7714—2015）规定文献采用顺序编码制和著者-出版年制。目前，我国科技学术期刊大多采用顺序编码制，但各期刊的具体著录方法略有差异。因此，这里重点介绍顺序编码制的标注方法。

参考文献著录格式包括文内标注格式和文后参考文献表的编写格式。

采用顺序编码制时，在引文处，按它们出现的先后顺序用阿拉伯数字连续编码，并将序码置于方括号内作为上角标。在文后参考文献表中，各条文献按在论文中的文献序号顺序排列，项目应完整，内容应准确，各个项目的次序和著录符号应符合规定（请注意：参考文献表中各著录项之间的符号是“著录符号”，而不是书面汉语或其他语言的“标点符号”，所以不要从标点符号的概念上去理解）。文献类型和标识代码见表 8-1。

1. 专著的基本著录格式

［序号］作者．题名［M］．出版地：出版者，出版年．

示例：

［1］余敏．出版集团研究［M］．北京：中国书籍出版社，2001.

表 8-1　文献类型和标识代码

文献类型	标识代码	文献类型	标识代码
普通图书	M	报告	R
会议录	C	标准	S
汇编	G	专利	P
报纸	N	数据库	DB
期刊	J	计算机程序	CP
学位论文	D	电子公告	EB

2. 期刊的基本著录格式

[序号] 作者（3人以上须列满3人，加逗号，再加“等”字）. 题名 [J]. 刊名，年份，卷号（期号）：起止页码.

示例：

[1] 马焕成，罗致斌，陈义群，等. 多功能保水剂对作物抗旱效应的初步研究 [J]. 安徽农业大学学报，2004，21（4）：404-407.

3. 论文集析出文献的基本著录格式

[序号] 析出文献作者. 析出文献题名 [C] //论文集作者. 论文文集名. 出版地：出版者，出版年：起止页码.

示例：

[6] 孙品一. 高校学报编辑工作现代化特征 [C] //中国高等学校自然科学学报研究会. 科技编辑学论文集（2）. 北京：北京师范大学出版社，1998：10-22.

4. 学位论文的基本著录格式

[序号] 作者. 题名 [D]. 保存地点：保存单位，年份.

示例：

[1] 汪佑宏. 马尾松速生材热压干燥及表面强化 [D]. 南京：南京林业大学，2003.

5. 报纸中析出文献的基本著录格式

[序号] 作者. 题名 [N]. 报纸名，年-月-日（版次）.

示例：

［1］格雷厄姆．富足之灾［N］．参考消息，2003-01-15（7）．

6. 专利文献的基本著录格式

［序号］专利申请者．专利题名：专利号［P］．公告或公开日期．

示例：

［1］张凯军．轨道火车及高速轨道火车紧急安全制动辅助装置：201220158825.2［P］．2012-04-05.

7. 标准文献的基本著录格式

［序号］主要责任者．标准名称：标准编号［S］．出版地：出版者，出版年.

示例：

［1］全国信息与文献标准化技术委员会．文献著录：第4部分 非书资料：GB/T 3792.4—2009［S］．北京：中国标准出版社，2010：3.

8. 电子文献的基本著录格式

［序号］主要责任者．题名［文献类型标志/文献载体标志］．出版地：出版者，出版年（更新或修改日期）［引用日期］．获取或访问路径．

电子文献载体和标识代码见表8-2。

示例：

［1］李强．化解医患矛盾值需釜底抽薪［EB/OL］．（2012-05-03）［2013-03-25］．http：//wenku. baidu. com/view/47e4f206-b52acfa789ebc92f. html.

表8-2 电子文献载体和标识代码

载体类型	标识代码	载体类型	标识代码
磁带（magnetic tape）	MT	光盘（CD—ROM）	CD
磁盘（disk）	DK	联机网络（online）	OL

第二节 毕业论文

一、毕业论文的概念与种类

除了少数的专科学校的毕业论文，大部分毕业论文属于最终为了申请获得学位而创作的论文。毕业论文是作者从事科学研究取得创造性结果或有了新的见解，并以此为内容撰写而成，作为提出申请授予相应的学位时评审用的论文。根据我国的学位设置基本情况，毕业论文具体分为三类。

（1）学士学位论文。学士学位论文是大学本科毕业生在本科阶段针对本学科内容，就某一方面问题或者现象进行的有自己创新性观点的论文写作，是大学本科阶段对学生进行终期考核的重要内容，直接关系学位的授予与否。《中华人民共和国学位条例》（以下简称《学位条例》）第四条规定，大学生符合以下两条规定即可获取学士学位：一是较好地掌握本学科的基础理论、专门知识和基本技能；二是具有从事科学研究工作或担负专门技术工作的初步能力。学士学位论文的字数一般在1万字左右。

（2）硕士学位论文。硕士学位论文是硕士研究生阶段撰写的供申请学位的毕业论文，其整体要求和质量均高于学士学位论文。《学位条例》第五条规定：高等学校和科学研究机构的研究生或具有研究生毕业同等学力的人员，通过硕士学位的课程考试和论文答辩，成绩合格，达到下列水平者授予硕士学位：一是在本学科领域内掌握坚实宽广的基础理论和系统深入的专门知识；二是具有独立从事科学研究工作的能力；三是在科学或专门技术上做出创造性的成果。这就要求硕士研究生具备更为系统的理论知识，具有独立的科研能力，从而完成具有独创性观点的高质量论文。硕士学位论文的字数一般在3万~5万字为宜。

（3）博士学位论文。博士学位论文是攻读博士研究生阶段的科研成果的文字表现形式，当然也是供申请学位用的论文。博士学位论文要求具备独立科研能力的博士研究生，能够在深入广泛的理论知识指导下，对本领域内的问题或者现象有所发现和创新，从而获得最新的研究成果，为该领域的进一步开拓创新做出一定的贡献，一般具有较高的学术价值。因此，博士研究生获取学位的难度较大，这是对他们的考验，能够为各个领域培养出具备知识功底和创新思维的人才，也是论文撰写的意义所在。博士学位论文一般在5万~15万字，或者更长。

二、毕业论文的特点

毕业论文是撰写者在一定时间的学习之后，用学术论文的形式，研究、讨论、总结其所学学科、专业和科学研究领域的某一学术问题。理论上，它应该代表某一时期该学科领域中的最新发展动向，是学术思想交流的依据，是学术创新的重要环节。一般来说，毕业论文有四个特点。

（一）创新性

创新是学术的灵魂，创新性是毕业论文区别于其他一般议论文体的重要特征，也是衡量学术论文有没有价值和价值高低的根本标准。毕业论文应该有写作者的新观点、新方法或新材料。

论文创造性的大小直接影响科学的创新和发展，因此，科研人员要努力培养自己的创新意识，发挥自己的创新才能，努力从两个方面进行学术创新：一方面，要通过认真的调查、研究和分析，结合自身所学理论，在实践过程中获得前人所没有的创新性学术成果；另一方面，在阅读大量相关的学术参考文献的基础上，发现并解决别人认识基础之上的新问题，获得该领域的最新研究成果及其信息。

一篇独创性的毕业论文，不仅要将某一阶段内的最新研究成果呈现其中，以利于其他科研人员的进一步创新性研究，而且对于实践性较强的学术成果来说，还要能用于指导生产实践，甚至可以转化为巨大的社会经济效益。

（二）科学性

所谓科学性，就是毕业论文的内容要真实充分，书写形式要规范，研究过程要以科学的态度为依托。特别是对于应用型的毕业论文，更加强调论文的科学性特点，如果失去了科学性，那就没有了应用价值。论文语言的华丽、结构的严谨等都因科学性的缺失而毫无意义，这不仅浪费研究者的人力和财力，还会对科学领域造成不良的影响。

（1）论述内容要客观真实。论文中所论述的研究成果，要在实践基础上认真调研、分析和研究，能够反映客观存在的自然现象及其规律，论文的内容要客观真实，先进可行。

（2）书写形式要规范统一。毕业论文内容的客观性同样要求其在形式上要严谨规范，把科学的研究成果运用统一的规范呈现给科学领域内的其他研究者。具体要求结构要严谨，逻辑要严密，语言要准确。结构的严谨是符合思维一般规律的，逻辑的严密性也体现了科学性的要求，语言要求用准确的专业术语陈述研究成果，忌用夸张修辞。

（3）研究、写作要有科学态度。严肃的科学态度和科学精神是论文科学性的根本保证。无论在研究过程中还是形成文字的过程中，都要始终抱有科学的态度，对待研究的问题，实事求是，不夸大客观事实，不随意捏造数据，不谎报成果，不剽窃他人的论文。

科学性是论文的基本特点之一，是其他特点存在的前提和基础。

（三）学术性

学术是指在实践的基础上所形成的系统的和专门的知识体系。学术性是指论著或理论体系在学术发展过程中具有一定的价值和意义。学术性也是毕业论文区别于其他一般论文的重要标志性特征。可以说，学术性是在创新性和科学性基础上，对作者提出的更高的要求，它要求作者以科学的态度在实践的基础上提出独创性的观点和见解，使论文具有更高的学术价值，为该领域的理论创新和学科发展做出应有的贡献。毕业论文的学术性特点，对读者群的专业性提出了更高的要求。其读者对象一般是具有某一领域学术专长的学者或研究人员，具有较高的专业素养。

（四）实践性

实践性是指毕业论文提出的新观点、新方法以及新材料能够运用到各领域的实际研究和生产过程中，从而促进各学科的进一步发展。毕业论文不仅对客观事物进行直观的陈述，而且还要在此基础上进行科学的分析和论证，抓住客观事物的本质和规律，从而形成新的理论成果。特别是科技领域的学术论文，如果无法运用其中的论证数据和方法，过程无法得到验证，那么成果就无法推广，更不用说指导实践了。这大大降低了论文的价值和重要性。

三、毕业论文的选题

选题是指选择研究的课题，即选择论文所要论述的对象和范围，并在此基础上确定论文主要解决的问题。确立选题是毕业论文写作的第一步，也是至关重要的一步。选题是否恰当、是否有价值，决定了论文能否完成与完成的质量，也决定了论文的根本价值。

（一）选题的类型

选题的类型大致可以分为创造性研究课题和创新性研究课题两类。

1. 创造性研究课题

创造性研究是对前人尚未研究分析过的领域和项目进行创造性的分析研究，如理工科的新发明、新创造，文科类的新发现、新情况。

创造性研究课题的提出，一般有以下两种情况：

（1）某个课题早已呈现，但由于历史或环境等条件缺乏，长期得不到重视；

（2）随着社会历史发展，出现了新问题、新情况，亟须对某一课题进行研究。

创造性研究课题由于是新问题、新领域、新项目，没有任何可以借鉴的研究成果，也没有任何相关资料可以利用，难度相当大，但因为无人涉及，所以研究意义非常大。

2. 创新性研究课题

创新性研究是对以往的研究成果或者现状进行创新，挖掘出一些新的东西，从而产生一些新成果。

创新性研究课题有三种情况。

（1）将已有研究成果向前推进，挖掘出该课题应有的价值和意义。某一课题前人已经研究过，但由于社会历史条件的局限，该课题当时研究不充分，现在在条件具备的情况下，对其进行更深入的研究。

（2）对已有的研究成果进行修正补充。以往一些课题的定论或者研究成果在产生之初就有缺陷，或者随着历史发展日益呈现出一些问题、产生争议，那么，有必要对这些课题进行修正和重新定位。此时就需要研究者进行研究讨论，通过学术论文形式论证新的、正确的观点。

（3）运用新角度、新方法、新材料论述原有研究课题，为其确立新意义。任何课题的研究成果都是一定时期、一定条件下的产物，会随着社会历史的发展和科学技术的进步呈现一定的局限性，一旦掌握了新的资料、新的研究方法或者是发现新的角度，就可以对某课题进行研究，发掘出该课题新的意义和价值。例如，研究孔子的教育思想对现代教育的作用；用西方的文学理论研究《诗经》的艺术水平；用纳米知识研究生态社会等。

创新性研究的课题是对已有课题进行研究，有许多资料和研究成果可以借鉴，相对于创造性研究课题来说会简单一点，但要想超越以往的课题研究成果也是非常艰难的，所以创新性课题的研究也是非常有价值的。

（二）选题的原则

毕业论文的选题一般都是根据研究者所学习或从事的专业和知识的累积，并依据自身的一些情况（如兴趣、爱好、特长等），以专业领域或社会的需要为基础来确定。

毕业论文选题的确定要遵循下列基本原则。

（1）实用性。实用性原则是指选择研究课题时要根据专业本身发展的需要以及社会的实际需要进行，这是确定选题最基本的一个原则，关系论文的价值和意义。如理工类的项目选题更侧重社会实践的需求，如医学、工业、农业的生产技术的发展与提高；文科类的项目选题则侧重于专业本身或者理论自身的发展和完善；还有一些课题则是两者兼有的，在注重学科自身发展的需要同时也注重其社会功用性。因此选题时，要选择有利于社会发展进步或者是促进该学科发展的题目，这样才能让整个论文更有价值，否则就是毫无用处。

（2）可行性。可行性原则是指该选题在论文创作中具有可行性。这里的可行性有两个方面的内容：一方面是要根据自身的实际条件（如爱好、兴趣、能力和知识的积累）选择研究课题；另一方面是要根据客观的外部条件（如环境、物质、资料、时间、地域等条件）选择研究课题。因此，为了保证毕业论文能尽快保质保量地完成，选题就必须考虑这两方面的因素，充分利用和发挥自己的特长、有利条件，扬长避短，量力而行，避免选择难度过大或者不具备研究条件的课题，从而造成麻烦。因此，研究者要充分了解自己的实际情况和外部条件并结合课题的特点进行合理的选择，最终选择一个适合自己的课题进行研究。

（3）创新性。创新性原则是指所选择的课题要有创新性。这包含两方面的内容：一方面可以选择未被研究或者研究较少的课题进行研究；另一方面可以选择能够运用新方法、新材料、新角度进行研究的已被广泛研究的课题进行研究。前者更容易创新但是做起来难度较大，后者则侧重一个方面的创新，材料充足，但是不易超越前人，因此，在选择时一定要结合自己的实际情况。选题的创新性是保证整个毕业论文创新性的重要砝码，也是体现论文价值的重要一环。在确定选题的时候，就一定要遵循创新性原则。

（4）科学性。科学性原则是指研究者所选的题目要具有科学性，要有足够的理论依据或事实根据。在追求课题创新性的时候，一定要注意所选的题目是否具有科学性。一般情况下，原有课题成果都是得到了理论与实践的充分论证，是科学性的化身，如果要用新的理论和方法推翻它建立新的论点，就必须有理有据，符合选题的科学性。不能随意选择一些罕见或者标新立异的课题挑战原有结论的权威，这不仅严重影响论文的创作，还会对社会造成极大的危害。因此，选题的科学性是保证论文真理性的有力堡垒。

（三）选题的方法

选题的好坏决定毕业论文的成败。选择研究课题时，不仅要遵循选题的基本原则，而且还要有一定的方法和技巧。

（1）选择亟待解决的课题。关注专业领域的研究热点，是选择研究课题的基本方法。某个专业领域研究热点的产生往往是社会经济文化发展所推进的，是整个社会的聚焦点，如果对这些热点进行研究一方面能延伸这个课题的深度和广度，另一方面也更容易得到关注。如近年来对生态的研究就是热点，研究生态不仅具有学科研究的意义，而且也会促进生态社会的建设。

（2）选择关注较少或未研究充分的课题。研究者对其所从事专业领域内的研究成果进行分析，会发现许多前人未触及或者研究不充分的课题亟待研究，这是研究者进行选题最常用的方法。由于历史或者条件的原因，一些学术问题的研究会被放弃，但随着社会历史条件的改变，这些问题的研究成为可能。这些课题如若找到切入点，研究起来难度也不会太大。

（3）选择争论较多的课题。当今社会是个相对自由的社会，对同一个学术问题，研究者往往各抒己见，有自己不同的观点，这不仅与课题本身的多义性有关，而且也与当前知识的大爆发有关。因此对这些具有争议的课题进行研究，比较容易表达研究者的观点，借鉴的资料也比较多，虽然可能与已有的研究成果产生矛盾，承担一定的风险，但可以发展出一些新的研究视角或者方法，从而确立自己的观点。

四、毕业论文的材料收集、整理和分析

材料的收集和整理是贯穿于论文写作的始终的，是毕业论文写作的重要步骤。首先，研究者在选择研究课题时，就必须全面地获取有关的资料信息，及时了解课题的相关研究状况，从而形成自己在该研究方向的新问题、新观点、新理论；其次，研究者确立了相应的研究课题之后，就要进行论文写作材料的收集、

整理和分析，用于支持或论证自己的学术观点，因此，论文写作相关材料的收集、整理和分析，是着手论文写作的重要事项。

（一）材料收集

在材料的收集过程中，有些材料可以直接获取，如通过实验、实地考察等，可以直接获得实验结果和实地现象。但大多数的材料由于实际环境条件的限制可能无法直接获取，或者是一些已经有的数据分析和学术资源等都是通过间接途径获得的。因此，材料的收集可以分为直接材料和间接材料。

1. 直接材料的收集

直接材料，顾名思义，是研究者通过亲自参加科学实验及社会实践活动所直接获得的材料。直接材料的获取可以通过两种途径。

（1）科学实验。科学实验是研究者根据所选课题的需要，人为地控制一些外部条件或模拟客观现象，排除一些外部条件的干扰，在有利的条件下通过对实验过程的观察以及实验结果的分析，获得与研究课题相关的研究材料。在通常情况下，实验主要是对某种假设理论在一种极端的情况下的检验和论证，有利于实验结果的科学性。

需要注意的是，并不是所有的研究课题都可以运用科学实验的方法获取研究资料。在实际工作中，要根据研究领域和毕业论文的创作特点的不同，恰当地选择科学实验的方法。

（2）实践活动。实践活动是指研究者在确立研究课题之后通过参加社会实践活动所获取的材料。实践活动不同于实验活动，实验活动是在一个封闭的条件下进行的，可以说实验条件具有人为性，实践活动则是在一个开阔的空间内进行的，不需要人为地控制实验条件，通过对某一社会现象的观察以及调查研究得出一定的结论。

通过实践活动来获取材料的方法有很多，如观察法、访问法、调查法等。在不同的实践活动中，要根据课题的性质、研究思路、研究内容的不同来选择获取材料的方法。但由于实践活动的复杂性，在很多情况下需要综合使用多种方法。

2. 间接材料的收集

事实上，研究者在确立研究课题之后，由于自身所处条件的局限性，许多材料是不能通过科学实验和实践活动获得的，因此就需要大量的间接材料。间接材料不是研究者自己直接获得的材料，而是研究者从书刊文献或者电视、互联网中获取的材料，这些材料多是前人研究的成果或者是一些相关课题发展的最新动向。间接材料的获取是毕业论文材料获取最重要的途径。间接材料的获取渠道主要有书刊文献和互联网等多媒体手段。

（1）书刊文献。书刊文献包括图书、期刊、报纸、学术报告、学术会议资料、专利文献、档案文献等。这些书刊文献多是一些类似课题研究的成果，研究者在进行研究时参考这些资料，从中获取一些可以利用的文献资源，支持自己的毕业论文创作。这些书刊资料可以在国家图书馆、学校图书馆、书店等地方获取。

（2）互联网等多媒体途径。互联网时代的到来，给学术研究带来了前所未有的有利条件。国内外的最新学术研究成果可以第一时间在互联网上找到，非常有利于研究者进行学术研究，可以说当今的学术研究和互联网是密不可分的。互联网上有着大量的文献资源，如中国知网、万方数据库、维普数据库、中国报刊索引、学术搜递等专门刊发学术研究的网站，聚集了几乎国内所有的学术研究成果，极大地方便了研究者的学术研究。另外还有一些搜索引擎如谷歌、百度等也都包含巨大的学术资源。

（二）材料整理与分析

研究者在获取了大量的研究材料之后，为了有效地利用资源，必须对所收集的材料进行整理和分析。

（1）整理分类。对材料进行整理分类有助于研究者对相关学术资料有一个清晰的认识，能很快地找出有利于论文论述的材料。分类要有一定的标准，这个标准一般是按照研究者所选的课题的方向、内容而定的，如按研究时间分类、按观点分类、按属性分类等。这些分类因研究者的需要而有所不同，但都是方便研究者进行查阅、认知和分析。

（2）分析选择。在完成了材料的整理分类之后，就需要对材料进行分析，从中选择出可供利用的材料。研究者对所分类的材料进行细致的分析，不仅能了解别人的学术观点，还能够发现一些没有被充分研究的学术视角，从而形成自己的观点。对材料进行分析之后，便可以选择对自己有用的材料支持自己的论述；选择一些研究不够充分的材料，进行深入充分的论述，开拓自己的研究空间。

对材料的整理和分析是研究者获得研究视角以及论据的重要程序，很多研究者的观点都是在这一环节确立的，因此要求研究者在进行材料的整理和分析时，一定要认真细致地阅读材料，对其进行科学合理的分类，最后进行深入的分析比较，从而获取最精华的资源，支持自己的学术创作。

五、毕业论文的构成与写作

毕业论文的一般构成包括标题、作者和作者单位、摘要、关键词、正文、致谢、注释、参考文献。其中，标题、摘要和关键词要有英文翻译，翻译时要注意英汉不同语言的特点。

（一）标题

论文的标题可以分为总标题（即论文题目）、一级标题、二级标题、三级标题等不同层次的标题。这里我们主要分析的是论文的总标题，也就是论文的题目。一般认为，一篇论文的题目是全文主旨的高度提炼和概括。通过题目，读者就能够获得论文的写作主题和要点。所以说，标题的好坏将直接影响读者的阅读。不论是科研人员、刊物编辑还是普通读者，他们对于好的题目、新颖的题目都格外感兴趣。因此，标题对于论文的写作作用巨大。

1. 标题的拟定

（1）标题的形成过程。

一般来说，在选择课题和收集材料阶段，初步的论文标题就应该形成，因为这样有助于收集更多与标题相关的材料，使论文重点更为突出。标题的形成过程有以下两种情况：一种是在大量材料的基础上选择研究课题，确定论文主题，最终形成标题，即论文的主旨；另一种是先确定论文的标题，然后根据主题对材料进行筛选，这样重点更为突出，查找阅读材料也更有针对性。

（2）标题的形式。

1）正标题。正标题是论文的总题，是论文不可或缺的一部分。正标题一般为单行形式，不宜过长，尽量选择精练的文字和最恰当的逻辑组合形式把标题生动地表述出来。正标题除了要与论文的内容相切合，还要与研究过程中的要素和重要环节相联系，具有一定的独创性，忌正标题之间的雷同。

2）副标题。副标题是对正标题进行补充、说明或加以限制。当正标题的表达含蓄婉转或语意未尽时，需要副标题具体进行阐述，使读者更明了论文所要表达的内容，例如："瞿秋白与中国现代集体写作制度——以瞿秋白的苏区戏剧大众化运动实践为中心"。

（3）标题的要求。

1）有创意。标题要在论文内容的基础上进行创新，把握分寸，精选恰当的词语全新组合在一起概括自己论文，而不是追求一种夸张的表述，最终失于空泛与流俗。

2）要精练。论文标题要注意语言的准确性，忌过于夸张，忌标题与论文所反映的内容不相符，忌题目过大，内容牵涉较少且深度不够，还忌乱用词汇，随意使用"浅论"、"试论"、"研究"这样的词语。

3）讲规范。讲规范是指论文标题中如果涉及专业词汇，要选用本学科领域中规范的专业术语，但注意不可选用特殊的专业术语。注意语言上的规范，如助词"的"的使用。

2. 注意事项

（1）忌"小题大做"，不能随意抬高自己的研究成果。

（2）忌"大题小做"，标题界定的研究范围太宽泛，而正文部分的论述却仅限于这一问题的某个方面展开，缺乏整体性和宏观视野。如文科论文以"20世纪以来女性作家的创作"为题，就算是宏观视野下的一个大标题。

（二）署名

每篇论文都要署上作者的姓名和所在机构，这从小的方面来说关系个人的荣誉，从大的方面来说涉及知识产权。例如，美国《内科学纪事》就规定了作者署名的5个条件：

（1）必须参与了本项研究的设计和开创工作，如在后期参与工作，必须赞同前期的研究和设计。

（2）必须参加了论文中的某项观察和获取数据的工作。

（3）必须参与了实验工作、观察所见或对取得的数据作解释并从中导出论文的结论。

（4）必须参与论文的撰写或讨论。

（5）必须阅读过论文的全文，并同意其发表。

署名应署于标题之下。如果合作署名，两个姓名之间用逗号隔开，若为单名，姓和名之间有空格，如：

历史·文体·现实

——以鲁迅《一件小事》的阅读史反思为中心

傅××，申××

（××大学文学院、××大学教育部公民教育研究中心，中国福州，350001）

（三）摘要

摘要又称内容提要，它是对论文内容进行的概括性表述。摘要不是对论文的简单解释和说明，而是对论文的主要发现、核心观点及主要论据等的高度概括。摘要作为论文的重要组成部分，在未阅读全文时，能够提供给读者对于论文的全面的、重点突出的认知。

1. 摘要的构成

摘要主要由研究目的、研究对象、研究方法和研究结论四个方面构成，对论文的主要内容进行有理有据的概述。

2. 摘要的作用

（1）报道传递作用。摘要因为有字数的限制和要求，所以一般采用最简洁的语言，力求把论文中的新发现、新成果系统地概述出来。摘要的主要作用就是能够让读者和研究者在最短的时间内，系统地了解论文的要点和创新点，及时地了解学科领域内的最新动态和信息。

（2）评价判断作用。读者通过阅读摘要，首先了解论文的主要思路、研究方法、研究成果等信息，然后会根据摘要对论文的质量水平、创新点和学术价值给出自己对于论文的评价判断，以此决定是否进一步阅读正文部分。

（3）文献检索作用。摘要同标题一样是数据库检索的重要信息之一。一般检索结果中除去论文标题、关键词等最能说明论文内容的就是摘要部分。此外，读者还可以通过文摘杂志数据库的摘要信息寻找所需文献。

3. 摘要的写作及其注意事项

字数方面，中文摘要的字数一般在300~600字，具体变动因论文字数或者论文中的核心价值量而定。英文摘要一般为300个实词，并与中文摘要相对应。

写作要求方面有三点需要注意。首先，称谓的使用要规范。摘要一般使用第三人称，少用第一人称和第二人称，主要原因在于摘要中不能加注释和评论，而且这也有利于避免一些抬高研究价值的语言的出现。如“本研究全面而深刻地反映了……”，“这一研究成果代表了国内最先进的水平”等这些表述是不允许出现的。其次，语言的运用要规范。摘要中要使用专业术语，忌用图表、化学结构式或不常见的符号及术语。同时，用词要避免与标题和正文前言部分重复。最后，格式的使用要规范。摘要为一个自然段，不分段概述。摘要不能有注释和评论，因此也就没有注释或参考文献的序号。

（四）关键词

关键词是从论文题目、摘要和正文的意义中提取出来的，是能够代表论文核心主题思想和观点的词语。关键词亦可称为说明词或者索引术语，主要用于文献检索。关键词一般可选3~8个，位于摘要下方，关键词之间用分号隔开并依次排列。

1. 关键词的确定

关键词一般使用名词（如“当代价值”、“液压传动”等）、动词（如“对映体分离”等）或者词组（如“方法和内容”等）。没有关键词的确定和选用的相关规范，只要是能表达论文主题内容的词语都可以作为论文的关键词被确定下来。

2. 关键词的选取

关键词的选取原则具体如下：

（1）概括性。选出与论文主旨一致的词语，概括研究的内容、目的、结论观点，使读者能够从关键词中大致判断出论文的主要研究方向和主题。

（2）精炼性。避免同义词、近义词的并列使用。

（3）规范性。遵循规范性原则，对不同学科名称和专业术语都要准确表述。

关键词的选取方式有两种：一是从标题中选取，因为论文的标题是用最简洁、最恰当的词语表达论文的核心内容；二是从论文摘要中选择关键词。

（五）正文的写作

正文是论文的主体部分，是整个毕业论文筹备过程中最核心的一环，占全文的主要篇幅，包括绪论、本论和结论三个部分。

1. 绪论

绪论是毕业论文正文内容的开头部分，又称前言、引言、引论、序言、导论，是研究者对所研究课题的主要研究理由和预期目标的说明。绪论一般包括三个方面的内容：

（1）介绍本课题的研究现状。研究者要先介绍国内外相关领域相关课题的研究现状，即学术界目前对类似课题研究程度、研究热点、最新进展和存在的问题与不足，主要是学术界对类似课题研究成果的综述，从而引出自己研究的视角所在。

（2）介绍本课题的研究理由和理论依据。这一论述是建立在对该课题研究现状的充分论述基础之上的。在研究现状中找到该课题研究的盲点，从而确定研究的视角，并论述本课题研究的理论依据和实验依据、研究方法和研究设想，并对采用的理论方法及专业术语进行解释说明。

（3）论述本课题研究的预期结果、结论及其理论或实践意义。对所研究课题预期成果的论述，一方面是揭示本课题研究的最终目的，另一方面是对本课题的研究意义进行强调和说明，是绪论部分论述的最终落脚点。

绪论的写作应该言简意赅、开门见山。这里需要指出的是，对于比较短小的学术论文只需要对所研究的课题做简要的说明，不必单列一章“绪论”；此外是切不可将绪论写成摘要的扩大版，或者是摘要的解释说明。对于篇幅比较长的毕业论文应该做到以下几点：研究现状的写作切不可简单地一一陈述前人研究的成果，而是要分类逐条地进行总结概括，要有自己的分析视角，不能人云亦云；研究者在论述本课题研究的理论依据时，一定要对所涉及理论做一个概念上的确定，防止出现一些不严谨的论述；要实事求是地论述本课题的研究意义，避免假、大、空之类的论述性语言。要注意，在绪论中论述者本人不能做自我评论。

2. 本论

本论，顾名思义，是研究者本人对自己所研究课题的论述，是毕业论文创作中最核心的部分。研究者根据自己所收集整理的材料，围绕所确立的课题进行论述分析。本论的内容包括论述对象、论述方法和理论依据、提出的观点、对自己观点的论证。本论是研究者研究思路的总体展现，最能体现研究者的研究视野和研究才能，它决定整篇论文或整个学术研究的成败。

（1）论述内容。

1）论述方法。

毕业论文论述方法有很多种，最基本的方法有两种，即整体论述和部分论述。

整体论述是指研究者从整体上对所研究的课题进行综合性论述。研究者在论文创作中，把研究的工作从理论到实践的整个过程融合起来，将主要的观点提炼出来。即研究者将自己的观点先呈现出来，然后按照认识从低级到高级、由感性到理性的规律进行论述，一般是先介绍所研究的对象，然后综合性论述收集的相关材料，最后归纳出结论。这种论述的特点是综合归纳性较强，比较容易突出毕业论文的研究重点。

部分论述不是指论述一个部分，而是逐个部分地进行论述，将收集的材料散发开来，逐条分段地论述，一个部分得出一个结论，然后再将所有的结论综合起来进行论述，得到一个总体的论述观点。这类论述，要求研究者一开始先对整个研究过程的层次进行一个简要的论述，然后分层次、分部分地论述，每一个部分有明确的小结，最后进行所有部分的综合分析，得出总的观点和结论性成果。这种论述方法是按照人们认识事物的先后顺序所进行的分析，思维逻辑比较清晰，写作方法符合认识研究的实际情况，不仅写起来更容易，读者也容易接受。

2）论述过程。

根据毕业论文性质不同，本论的论述过程可分为理论性论述和应用性论述。

理论性论述侧重逻辑推理，通过提出理论的前提条件、使用范围，然后运用归纳、演绎、分析、综合、类比、比较等方法进行论证、阐述和计算，最后得出理论结论和规律性结果等。理论性论述又分为论证式、剖析式和验证式三类。论证式是在已有的结论基础之上展开论述的，在完成理论证明之后还需说明其应用的范围，这种方法在数学、理论物理等学科中比较多见；剖析式是通过对材料的理论分析来得出结论；验证式是指在理论分析之后进行试验或实例证明。

应用实践性论述主要用于科技类毕业论文，一般侧重研究过程，即通过观察、调查和实验，得出有关数据资料、照片和图表，在此基础上对实验结果进行分析论证。应用实践性论述一般分为三个部分。首先，介绍实验材料和方法，介绍研究成果所运用的手段和途径，方便别人重复实验，这是研究者的思想方法、技术路线和创造性的呈现。其次，是对实地调查、实验进行分析总结，将此过程中所观测到的数据和现象进行呈现和分析，它是结论得以产生的基础。最后，对实验过程中出现的问题、实验方法和结果进行讨论，从而得出最终的观点，确立研究意义。

（2）论述要求。

1）论述内容要实事求是、科学严谨，用事实和数据说话，做到有理有据。

2）在论述中所引用的材料和实验结果一定要真实可靠，不能随意编造，更不能随意加入自己的主观想法和意见。

3）如果自己的观点和前人的结果产生冲突时，一定要用真实可信的论据去论述，就事论事，可以对前人研究结果进行批评，但不要对前人进行人身攻击。

4）论述语言要合乎逻辑，层次清晰。文本的格式内容一定要符合国家对毕业论文要求的基本标准，论文中所涉及的中外文字母的使用严格遵循一定的规范。

3. 结论

结论是对整篇文章的最终总结，是整个研究的精华。它是在理论分析和实验、实践验证的基础上，通过严密的逻辑推理而得出的富有创造性、指导性、经验性的结果描述。同时，它又以自身的条理性、明确性、科学性论证了论文成果的价值。它既不是实验或观察的结果，也不是正文中各段小结的简单重复。结论的内容一般包括：

（1）对所得出的研究结果的理论意义和实践意义进行论述，如所解决的问题、弥补以往理论的不足、指导实践的意义等。

（2）对结论的适用范围进行论述，以及对已经涉及但仍未解决的问题做出讨论，提出一些设想和意见。

（3）结论须明确具体、严谨、准确、完善、精炼，研究者不能做自我评价。

（六）致谢

致谢一般出现在学位论文中，在较短的学术论文中不需要进行致谢。致谢是对那些在研究者进行研究工作以及毕业论文创作过程中，曾经给予帮助的人以书面形式的感谢。致谢应放在论文正文的末尾。

（七）注释

在论文写作的过程中，如果直接引用别人的文章或观点时一定要加上注释。这是尊重以往研究者著作版权和劳动成果的科学态度的体现，最重要的是，可以证明所引用的论据是真实的，还有利于读者直接查阅所引用文献的原文。除了对直接引用的别人的观点和材料进行注释之外，还可以对正文中的一些特殊的内容进行注释。

注释的方法有三种。

（1）夹注。夹注是正文中在直接引用的内容后面用圆括号注明参考的文献资料夹注。

（2）脚注。脚注是对同一页中引用的文献资料按顺序依次编号，依次标注在本页的下方。

（3）尾注。尾注是对论文全文引用的文献资料按顺序依次编号，依次标注在正文末尾。

（八）参考文献

参考过但是并非直接引用的文献资料，需列于正文之后作为参考文献。参考文献的列出，不仅反映出研究者对该专题文献的熟悉程度，而且可能涉及著作权或首创权的问题。

思考与练习

8-1　简述学术论文各部分写作要求。

8-2　请根据自己专业情况，撰写一篇学术论文。

8-3　简述毕业论文选题的类型及原则。

8-4　毕业论文的构成。

参考文献

[1] 王春．应用文写作［M］．北京：清华大学出版社，北京交通大学出版社，2012.
[2] 夏晓明．应用文写作［M］．上海：复旦大学出版社，2012.
[3] 李伟权，关莹，李时．应用文写作［M］．北京：清华大学出版社，2014.
[4] 杨金忠，倪筱荣．应用文写作［M］．北京：中国轻工业出版社，2013.
[5] 胡伟，唐燕儿，温子勤．应用文写作［M］．北京：北京大学出版社，2015.
[6] 王芳，刘萍．应用文写作［M］．北京：化学工业出版社，2015.
[7] 张玉雁．应用文写作［M］．北京：中国人民大学出版社，2015.
[8] 张勤．应用文写作［M］．杭州：浙江大学出版社，2015.
[9] 曾文芳．政务信息写作［M］．北京：中国人民大学出版社，2014.
[10] 杨晓菊．应用文写作［M］．北京：中国广播电视出版社，2004.
[11] 杨霞．公文写作规范与例文解析［M］．北京：北京大学出版社，2013.
[12] 彭海河．当代行政公文读写理论与实训［M］．广州：中国暨南大学出版社，2010.
[13] 孙秀秋，吴锡山．应用写作教程［M］．北京：中国人民大学出版社，2011.
[14] 王新，李艳秋，杨彬．新编应用文写作教程［M］．武汉：中国地质大学出版社，2011.
[15] 郭鹏，胡晓蕾．应用文写作［M］．北京：清华大学出版社，2015.
[16] 郝立新．应用文写作［M］．北京：清华大学出版社，2012.
[17] 张保忠．机关企事业单位应用文写作规范与例文：文秘写作、办公文案［M］．中华工商联合出版社，2014.
[18] 黄高才．常见应用文写作暨范例大全［M］．北京：中国人民大学出版社，2012.
[19] 刘金同，张寿贤．应用文写作教程［M］．北京：清华大学出版社，2014.
[20] 张瑞年，张国俊．应用文写作大全［M］．北京：商务印书馆，2016.
[21] 闻君．办公室常用应用文书写作及范例全书［M］．北京：北京工业大学出版社，2008.
[22] 陈子典．当代应用文书写作［M］．广州：暨南大学出版社，2010.
[23] 蒋意春．新编经济应用文实用写作［M］．北京：北京理工大学出版社，2009.
[24] 金常德．常用应用文写作规范与技法［M］．南宁：广西人民出版社，2009.
[25] 陈新华，张振华．财经应用文写作［M］．北京：化学工业出版社，2008.
[26] 单立勋，丁国祥．应用文写作［M］．北京：清华大学出版社，2010.
[27] 方有林，娄永毅．经济应用文写作［M］．上海：复旦大学出版社，2009.
[28] 孙熙春．文学赏读与实用文体写作［M］．沈阳：辽宁民族出版社，2009.
[29] 张芹玲．应用文写作教程［M］．北京：高等教育出版社，2009.